「気になる子」のわらべうた

山下直樹

はじめに……「気になる子」ってどんな子？

子どもの感覚が育ちにくい現代。環境の大きな変化が、子どもの行動に一定の影響を与えていると、わたしは考えています。子どもたちは「便利」な世の中で、手足を思いっきり動かしてあそぶ機会が失われています。大人たちの夜型生活に引きずられて生活リズムがみだれ、日本はいまや世界有数の「子どもの睡眠時間が短い国」になっています。さらに刺激も依存性も強いスマートフォンやタブレットを、2歳児が四六時中触っているような時代です。子どものこころやからだがアンバランスに育っている可能性は大いにあるでしょう。

本書では、「感覚がアンバランスな子」を「気になる子」としてとらえ、「感覚を育てる」ことに焦点を当てています。とくに発達の土台となる「触覚」「生命感覚」「運動感覚」「平衡感覚」という4つの感覚を育てることが、子どものこころとからだを育んでいくという視点で書かれています（左ページ図参照）。読者の方にはなじみのない感覚かもしれませんが、これらはシュタイナー*教育の感覚論をベースにしています。

＊ドイツの哲学者ルドルフ・シュタイナー（1861-1925）の提唱した人間学を元にした教育。人間は、目に見える物質である「からだ」と、目に見えない「精神（スピリット）」と「魂（こころ）」から成り立っていると考え、7年ごとに「物質（からだ）」「生命」「意識」「自我」という順序で成長するととらえた。

「触覚」は、触れ合うことを通して安心、信頼を育みます。

「生命感覚」は、「食べる・寝る・あそぶ」を中心とした生活リズムをつくることで、自律神経を整えます。

「運動感覚」は、自分のからだの大きさや動きを知覚することで、自由に動くからだへと導きます。

「平衡感覚」は、回転や前後上下左右の動きを知覚し、外部空間と自身との関係を知覚します。

これらを育むのにぴったりなのが、わらべうたです。

わらべうたは、やさしく触れ合ったり、くすぐりあったり、抱きしめたりすることが多いので、必然的に触れ合いの時間が生まれます。大好きな大人から触れられることで「自分は自分でいいんだ」という気持ちが育まれ、大人との愛着関係も深まっていきます。こうした「触覚」を基本に、「生命感覚」や「運動感覚」、「平衡感覚」を育む要素も、わらべうたにはふんだんに入っています。

わらべうたを通して、子どもたちの感覚が育ち、よりいきいきとしたこころとからだを育むことにつながることを、わたしは願っています。

山下直樹

わらべうたで育まれる4つの感覚

触覚

運動感覚

生命感覚

平衡感覚

もくじ

……あかちゃんからあそべます

コミュニケーションが「気になる子」「こころを満たす」わらべうた

暮らしのなかで「気になる子」「きっかけづくり」のわらべうた

♪わらべうたは、好きな調子でうたっていいし、好きなリズムをつけてもいいものです。参考として、簡単な譜面をつけているものもあります。クレヨンハウスのホームページ(下記参照)でも、あそび方を紹介しています。

左のQRコードまたは下記アドレスからあそび方のページにアクセスできます。
http://www.crayonhouse.co.jp/shop/e/e18warabe/

「気になる子」には、あそびが必要！

目立つのは「落ち着きのない子」

子どもを見るときに大切なことは「障がいがあるかないかではなく、その子がどんなところに困っているか」に目を向けることだと、わたしは考えています。

保育園や幼稚園は子どもにとってはじめて出会う「社会」ですから、できないことやわからないことばかりです。それでも、その子をよく観察してみると、その子なりに「一緒にあそびたい」「貸してほしい」という気持ちを伝えようと、いろいろな方法を試みていることに気づきます。その方法が一方的だったり、わかりにくかったりするので、伝わらなくて困っているのではないかと思うのです。一生懸命伝えているのに、伝わらなくて困っている。それならば、そのような「気になる子」が困らないように、手立てを考えてあげることが重要だと思うのです。

幼児期にたくさんあそぶことでかしこくなる！

幼児期は神経系の基礎が育つ時期ですから、手足を使ってたくさんあそぶことが、からだの落ち着きへとつながっていきます。からだは本来「動きたい」という欲求をもっています。これは運動感覚と結びついており、運動感覚が未成熟だと、より強い刺激を求めて、動きが多くなってしまうのです。からだが育つことで、こころが育ち、その上にかしこい頭が育っていきます。幼児期に手足をたくさん使ってあそぶことで、思考力の土台が育っていくのです。

子どもはからだ、大人は頭？
――鏡もちの原理

ひとは「からだ」という大きな土台があるからこそ、次に「こころ」という土台を重ねることができるし、それらがあってはじめて「頭」が乗せられる、という考え方は「鏡もち」にたとえられます。子どもは「からだ」から学んでいくのに、大人は「ちゃんと話しなさい」「勉強しなさい」と「頭」のほうから働きかけがち。土台ができていないのに大きなみかんを乗せようとして、かえって不安定な状態にしていないでしょうか。

ひらがな覚えなさい
ちゃんと話しなさい
頭
思考
こころ
感情
もっと動きたい！
子どもが育つ方向
子どもが育つ方向
からだ
意志
あそんで大きくなるんだ！
たくさん食べて
たくさん寝て

「気になる子」が満たされるあそびって？

「気になる子」には「わらべうた」！

わたしは「気になる子」のこころとからだの発達を促していくには、昔から伝わっているあそびを復活させることが大切だと思っています。

なかでもわらべうたは、「触れる、揺れる、動かす」など、子どもの発達を促す要素がたくさんあります。そのうえ道具も場所もほとんど必要ありません。

たとえば、次の「なべなべそこぬけ」では、運動感覚が育まれます。運動感覚は自分のからだの位置関係を知覚します。

大人が思っているほど、じつは子どもは、からだのすみずみまで意識も理解もしていません。「そこがぬけたらかえりましょ」でからだをくるっとひっくり返すことで、ふだんは見えない背中を意識することができます。意識し動かすことがからだを育てていくのです。

また、このわらべうたでは、触れ合うことも大切です。相手の手を取り触れ合うことは、相手との安心・信頼を育んでいきます。

「なべなべ そこぬけ」

動き	ひっくり返る
人数	2人
運動強度	★★（立ってあそぶ）

♪なべなべ そこぬけ そこがぬけたら かえりましょ

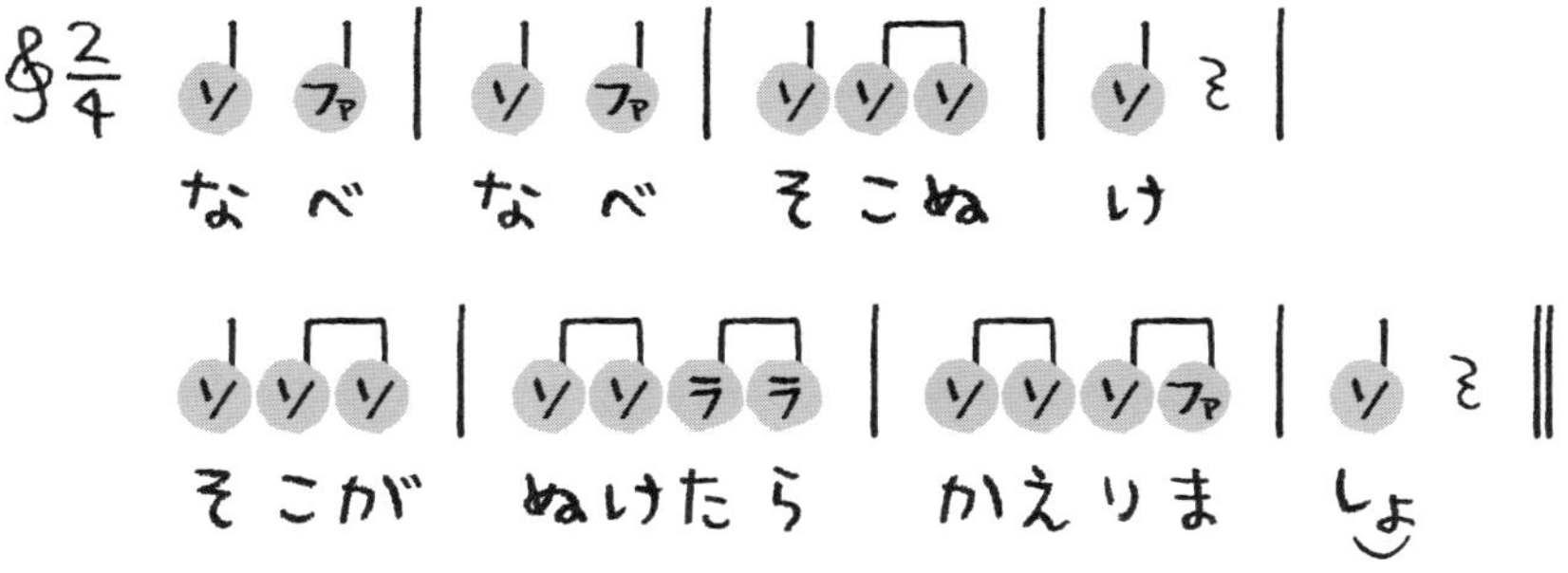

ソ ファ ソ ファ ソ ソ ソ ソ
なべ なべ そこぬ け
ソ ソ ソ ソ ソ ラ ラ ソ ソ ソ ファ ソ
そこが ぬけたら かえりま しょ

あそび方

1. ふたり組で向かい合い、両手をつないで左右に大きく揺らす。

♪なべなべ
そこぬけ

2. 両手をつないだまま、くるりとまわって背中合わせになる。

♪そこが
ぬけたら
かえりましょ

3. 背中合わせの状態のまま、両腕を左右に大きく揺らす。

♪なべなべ
そこぬけ

4. 両手をつないだまま、くるりとまわって、1に戻る。

♪そこが
ぬけたら
かえりましょ

「気になる子」にはこちらもおすすめ

からだを使う「むかしあそび」

運動感覚・平衡感覚の欲求を満たすあそびとして、コマまわしや、竹ぽっくり、竹馬、けん玉、ゴム跳びなどのむかしあそびがおすすめです。残念なことにほとんど絶えつつあるあそびですが、いまこそ見直されるべきです。難しければ、自転車・三輪車、トランポリン、ブランコやシーソーなどの遊具でもいいですね。

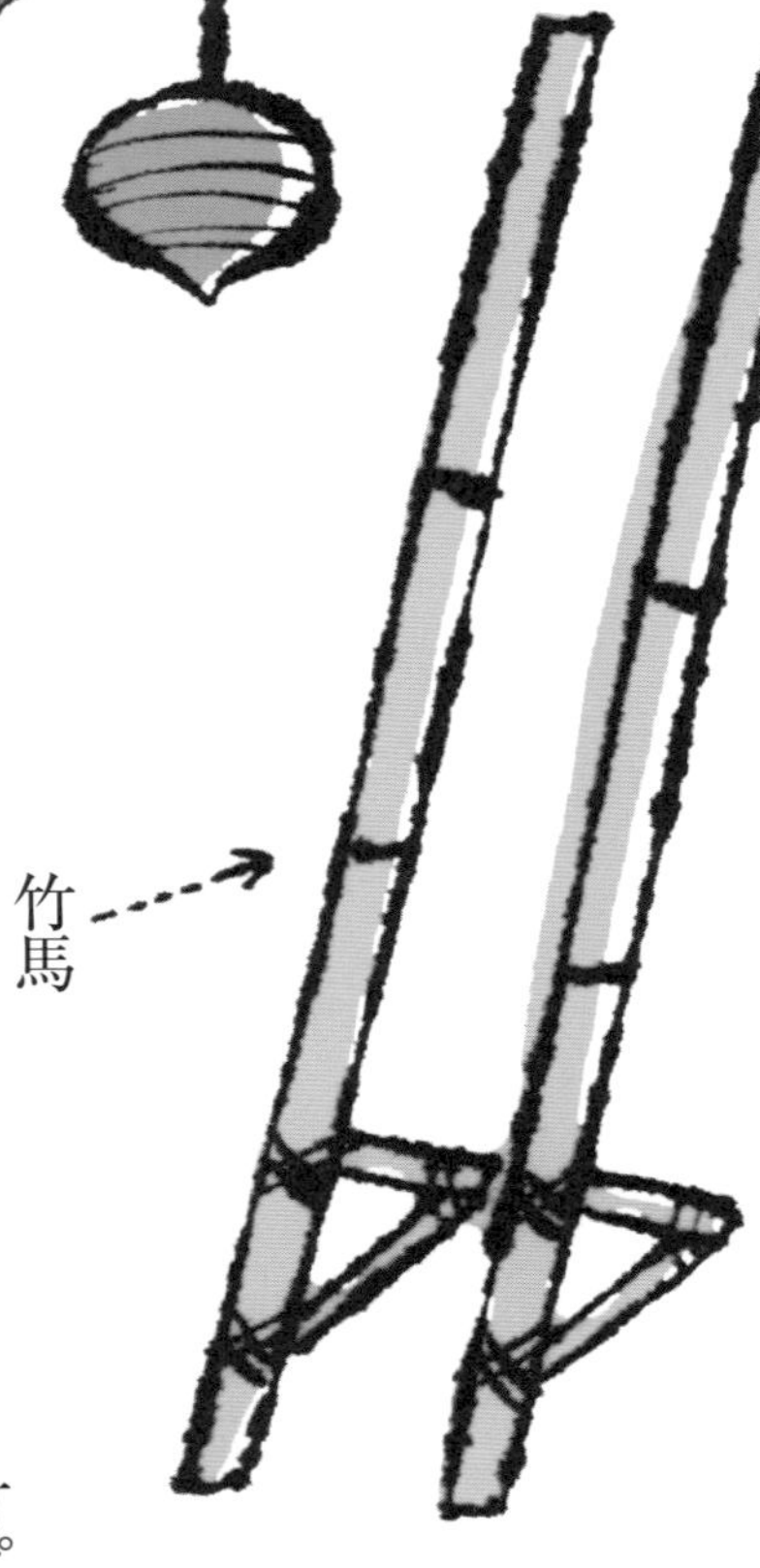

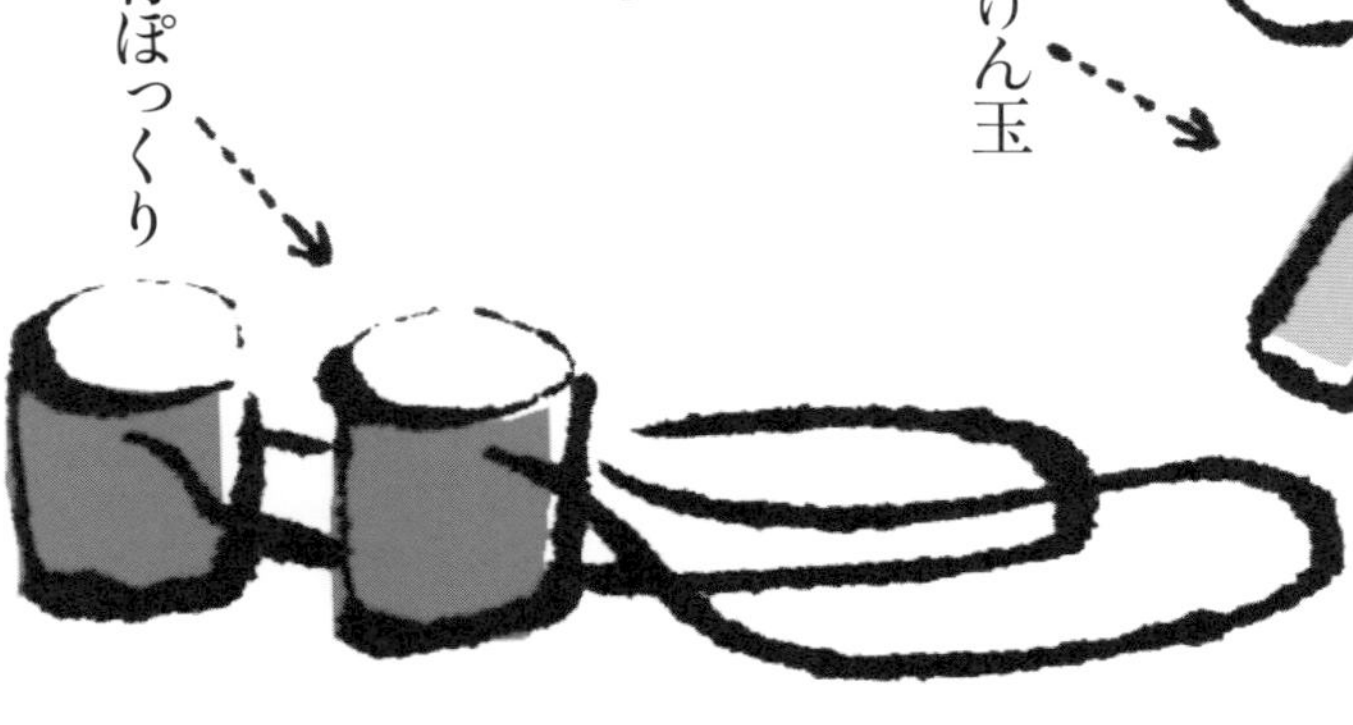

からだの動きが「気になる子」

「からだを育てる」わらべうた

じっと座っていられない、とにかく歩きまわる・走りまわる、手が出る・足が出る……そうした、からだの動きが「気になる子」の行動は、「刺激が足りていないよ」という、からだからの合図かもしれません。何でも「指先ひとつ」でできてしまう生活だと、からだが成長するために必要な「運動感覚」「平衡感覚」への刺激が足りず、エネルギーもあり余ってしまうもの。

そんな子どもたちとは、わらべうたで一緒にからだを動かしましょう！　とくに、上下左右に揺れる動きや、からだ全体を使う動きがポイントです。大人の運動不足解消にも効果的かも？

好奇心旺盛で動きまわる子

「うまはとしとし」

動き	人数	運動強度
上下に揺れる	2人（大人と子ども）	★（座ってあそべる）

あかちゃんからあそべる

♪うまはとしとし
ないてもつよい
うまはつよいから
のりてさんもつよい

＊「としとし」とは、馬が歩くようすをとらえた擬音のようなものと考えられています。

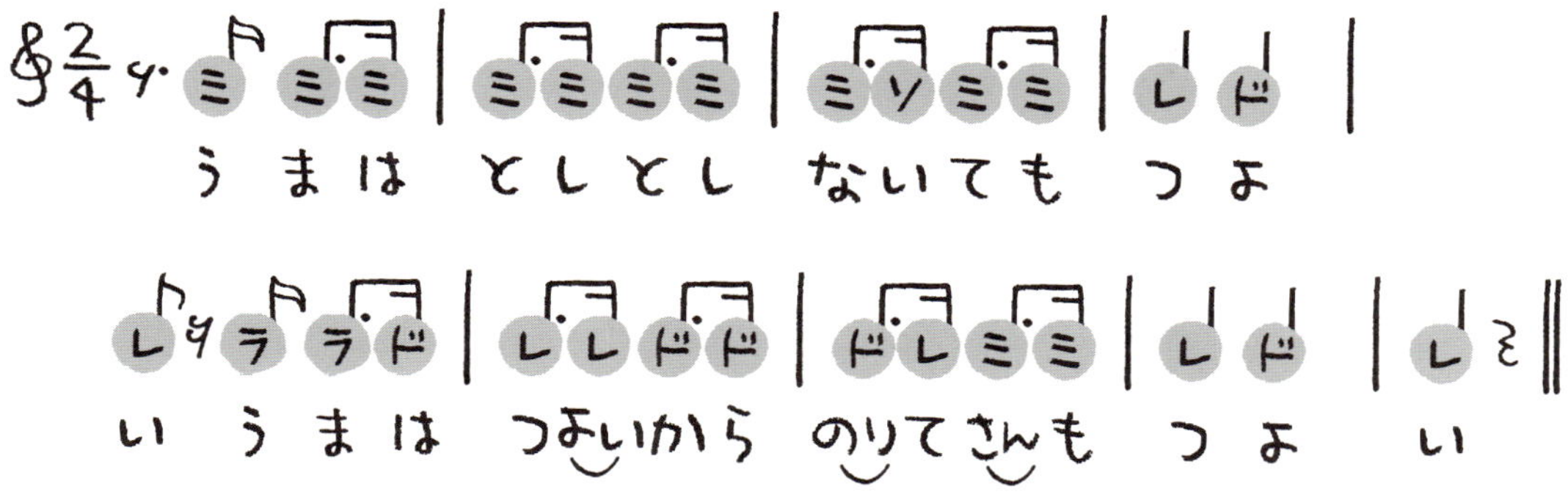

上下に揺れれば座っていられる

子どもは歩けるようになると、とても好奇心が旺盛になります。いろいろなものを発見して歩くのは、子どもの発達の一過程なのですが、あちこちに動きまわられると、大人はときに周囲の目が気になることもあります。

子どもの動きが多いのは、平衡感覚の刺激が足りず、その不足分を満たそうとするためだと考えられます。平衡感覚を育む動きである「まわる」「転がる」「揺れる」などの動きで感覚を満たしていくことが必要です。

「うまはとしとし」は、たとえば外出中に電車の座席などにじっと座っていられない子どもにも。子どもをひざの上に抱っこしてうたいながら、その子の平衡感覚を刺激します。平衡感覚が満たされると、それまで動きまわっていた子も、少し落ち着くことでしょう。

あそび方

大人のひざの上に子どもを乗せ、上下に揺らす。

＊最後にひざを伸ばしてすべり台のようにし、子どもを脚の上ですべらせてもたのしい。

じっとしていられない子

「おふねがぎっちらこ」

動き	前後に揺れる
人数	2人（大人と子ども）
運動強度	★（座ってあそべる）

あかちゃんからあそべる

♪おふねがぎっちらこ
ぎっちらこ
ぎっちらこ

＊決まったメロディはありません。動作に合わせて自由にどうぞ。

あそび方
大人のひざの上に子どもを乗せ、前後に揺らす。

ゆっくりやさしい揺れで満足

あかちゃんはとってもかわいいですが、育てている側はそれだけではすまないこともありますね。泣いたり、ぐずったり、ときには何がどうしたのかわからないくらい、はじけるように泣き続けたり……。そうなると、親といえども困ってしまいます。

そんなときは「おふねがぎっちらこ」がおすすめです。

あかちゃんは、信頼している大人に包まれて抱っこされると、安心します。そして、やさしく揺らしてもらうことが大好き。ゆっくり揺れることで平衡感覚が育ちます。平衡感覚は、前後上下左右の動きや、回転を感知する感覚ですが、それだけでなく落ち着きや集中力を保つこととも関係があります。電車の中や病院の待合室など、静かに座っていなければいけないようなとき、ゆっくり揺らしてあげることで、泣き顔のあかちゃんも笑顔になりますよ。

じっとしていられない子

「いもむしごろごろ」

動き　転がる
人数　何人でも（寝転んであそべる）
運動強度　★

♪いもむし
ごろごろ
ひょうたん
ぽっくりこ

あそび方

横になって、ゴロゴロと転がる。

＊ひとりで転がれない子には、ふとんやマットで傾斜をつけて。

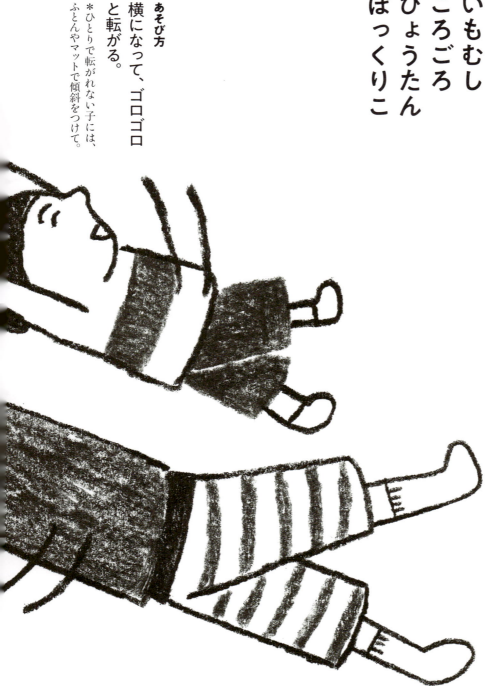

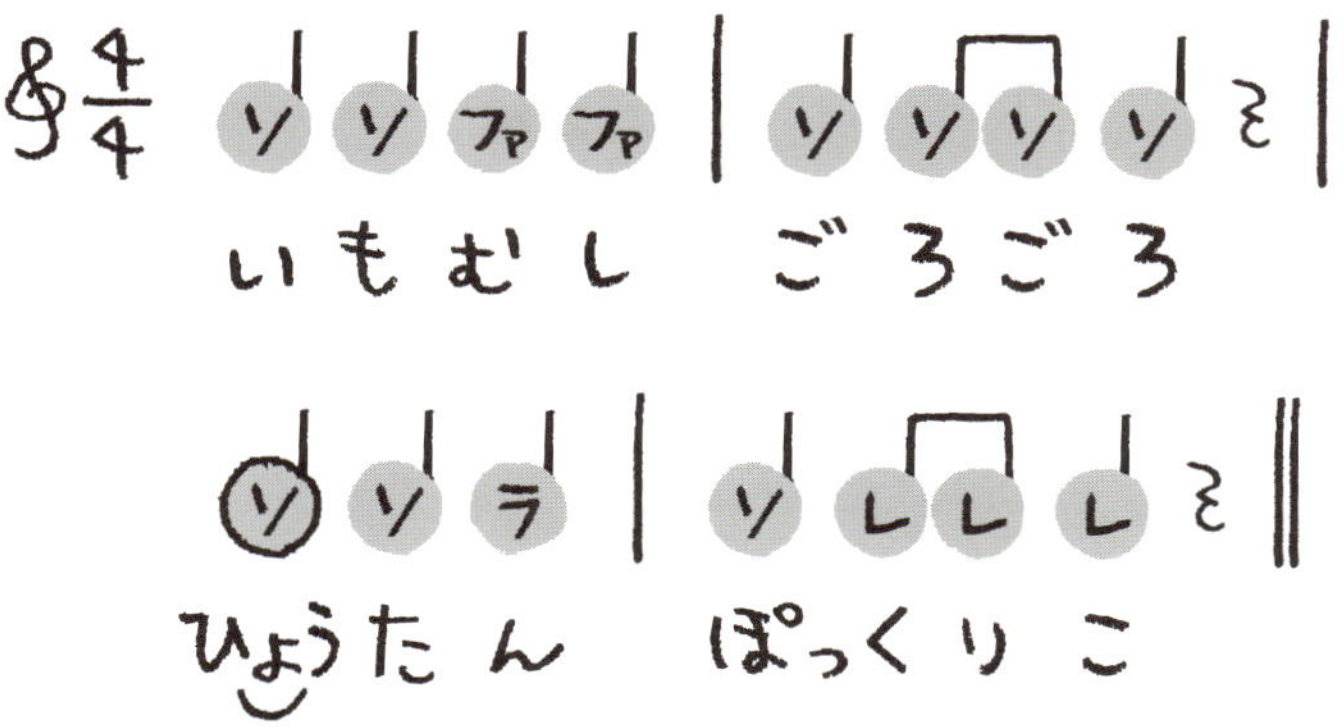
ソ ソ ファ ファ ソ ソ ソ ソ
いもむし ごろごろ
ソ ソ ラ ソ レ レ レ
ひょうたん ぽっくりこ

転がって刺激を満たす

保育カウンセラーとして訪れる園でも、ときどき「じっとしていられない子」に出会います。みんなが着席して給食の配膳を待っているのに立ち歩いてしまったり、お昼寝のときに横になっていられず走りまわったり……。

こうした行動は、平衡感覚が未成熟なために起こると思われます。じっとしているだけでは「刺激が足りない」と脳が判断するため、走りまわるなどして刺激を満たそうとするのです。

平衡感覚を育てるのにおすすめなのが「いもむしごろごろ」。じっとしていられない子と一緒にうたいながら、ゴロゴロと転がってみてください。乳幼児期の子どもは、身近な大人のまねが大好きです。わらべうたをうたいながら、たのしく平衡感覚を育てていきましょう。

落ち着きのない子

「ぼうず　ぼうず」

動き	触れられる
人数	2人（大人と子ども）
運動強度	★（座ってあそべる）

♪ぼうず　ぼうず
かわいいときゃ
かわいいけど
にくいときゃ
ペション

あそび方

1．ふたりで向き合い、大人はリズムに合わせて、子どもの頭やからだをゆっくりさする。

＊決まったメロディはありません。動作に合わせて自由にどうぞ。

大人も落ち着く触れ合い

「子育ては苦《くる》たのしい」ということばがあるのをご存知でしょうか。「子育てには苦しさがあるけれど、そのぶんたのしいこともたくさんあるよね」という意味です。確かに疲れて帰宅したときに、「おとうさん大好き」なんて子どもが飛びついてきてくれると「子どもってかわいい！」という気持ちになりますね。その一方で、子どもは親の言うことなんか聞いてくれないし、思ったように育ってもくれない。ましてや落ち着きなく動きまわられたりすると、イライラしてしまうものです。

そんなときは、「ぼうず ぼうず」がおすすめです。「ぼうず ぼうず……」で、子どもの頭を「いい子いい子」をするようになでます。触れられることは安心感と信頼感を育みますので、落ち着きのない子にとってはくすぐったくもうれしい気持ちになるでしょう。そして、「ペション」でおしりを軽く「ペン」とたたきます。この「ペション」で、親はこころに湧いてきたイライラや怒りの気持ちを流し出してしまうのです。

2. 大人は子どものおしりを軽く「ペン」とたたく。

♪ペション

落ち着きのない子

「なかなかほい」

動き　跳びはねる
人数　何人でも
運動強度　★★★（跳びはねる）

♪なかなかほい
そとそとほい
なかそと　そとなか
なかなかほい
♪そとそとほい
なかなかほい
そとなか　なかそと
そとそとほい

あそび方

地面に2本のひもを置き、歌詞に合わせて跳びはねる。

＊ふたりで向き合ってあそんだり、何人かで並んであそんでもたのしい。

「なか」…ひもの間に足を閉じて立つ。
←
「ほい」…足の開き方を変える（閉じた足を開く）。

「そと」…ひもをまたいで立つ。
←
「ほい」…足の開き方を変える（開いた足を閉じる）。

跳びはねるならわらべうたと

先日訪れた園で、T先生からこんな相談を受けました。「アイちゃん（仮名・5歳）はみんなで工作をしていても興味がないと部屋の隅で跳びはねています。みんなと工作できたらいいのですが……」。

保育現場ではよくこうした子どもを目にしますが、これは「跳びはねる」という、平衡感覚の刺激を求めていると思われます。ブランコをたのしく感じるひとが多いように、平衡感覚への刺激は快感があり、たのしいものです。このような場合「跳びはねちゃダメ！」と叱るのではなく、あそびのなかで平衡感覚を育てることがポイントです。

そこでおすすめするのが「なかなかほい」。上下に跳びはねる動きに合わせ、足を開閉することで平衡感覚が育ちます。はじめはことばと動きが合わなくても大丈夫。リズムに合わせて跳びはねることで、行動に落ち着きが見られるようになるでしょう。

乱暴な子

「おらうちのどてかぼちゃ」

動き	揺れる・なでられる
人数	2人（大人と子ども）
運動強度	★（座ってあそべる）

あかちゃんからあそべる

♪おらうちの
どてかぼちゃ
ひにやけて
くわれない

あそび方
子どもを大人のひざの上に座らせて、うたいながら、左右に揺れる。
＊頭やからだの一部をやさしくなでてもよい。

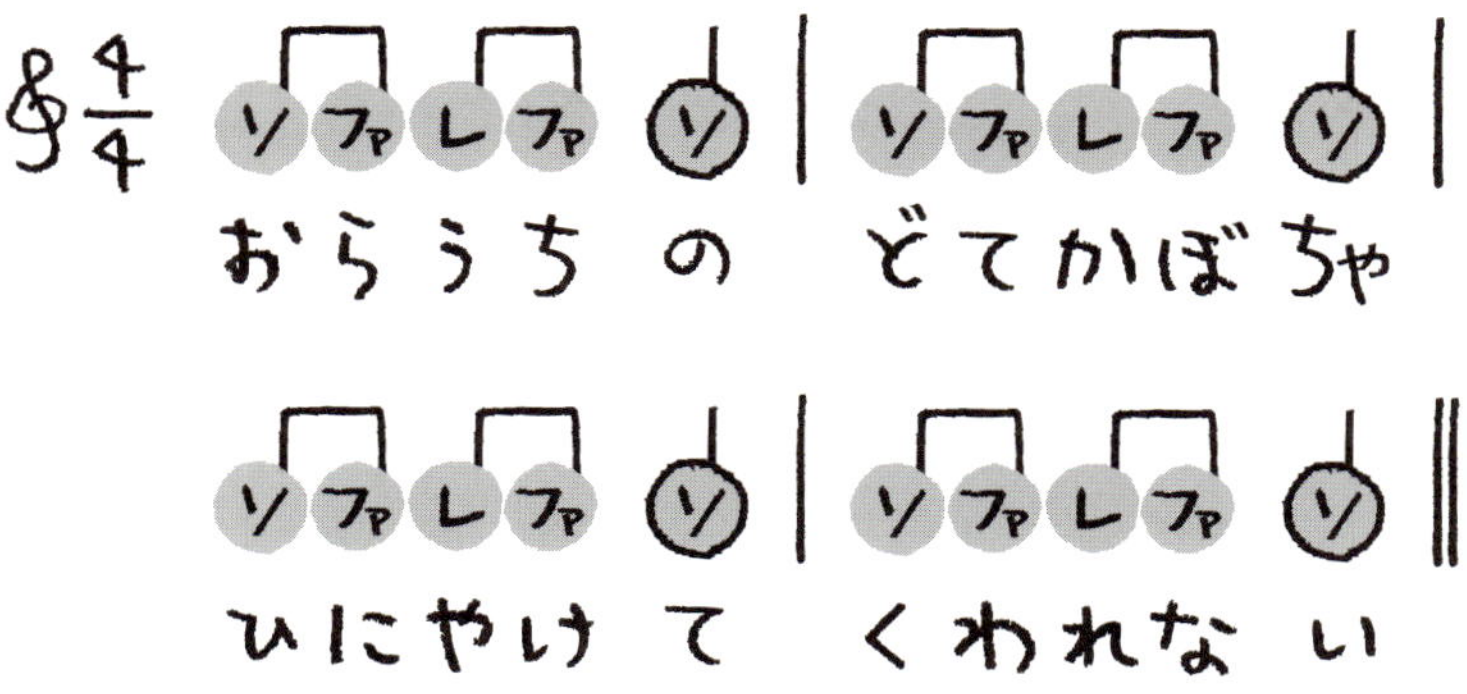

揺れて、なでると気持ちが満たされる

以前、訪れた園に、常に落ち着きがなく乱暴な、かずおくん（仮名・5歳）がいました。両親がとても厳しいようで、怒鳴られたり、たたかれたりということが、かつてはあったようです。彼はひとに触れられることをいやがって、当初はわたしが近づいただけで、パンチとキックです。

　それでも園を訪問するたびに、かずおくんとあそぶ機会を増やしていくと、次第に彼のほうからわたしの腕を引っぱり、「一緒にあそぼう」と誘うように。そこで、ほんの数分、両てのひらをさするようなマッサージをはじめました。気持ちがいいのか「もっとやって」とせがむことも。

　週に1回だけの関わりでしたが、1ヶ月もすると、彼はわたしを見ると、ひざの上に乗ってくるようにもなりました。そんなときにうたったのが「おらうちのどてかぼちゃ」です。かずおくんをひざの上に乗せて抱きかかえながら、左右にそっと揺らします。彼はゆったりとひざに座って、眠ってしまうことさえありました。

　マッサージもそうですが、触れ合うことは、子どもに安心感を与え、「自分は自分でいいんだ」という気持ちになるものです。「おらうちの～」とうたいながら、頭やからだの一部を、そっとなでてあげてもいいでしょう。

乱暴な子

「おしくらまんじゅう」

動き	ふんばる・押し合う
人数	2人以上（大人1人と子ども）
運動強度	★★（立って押し合う）

♪おしくらまんじゅう
おされてなくな
おしくらまんじゅう
おされてなくな

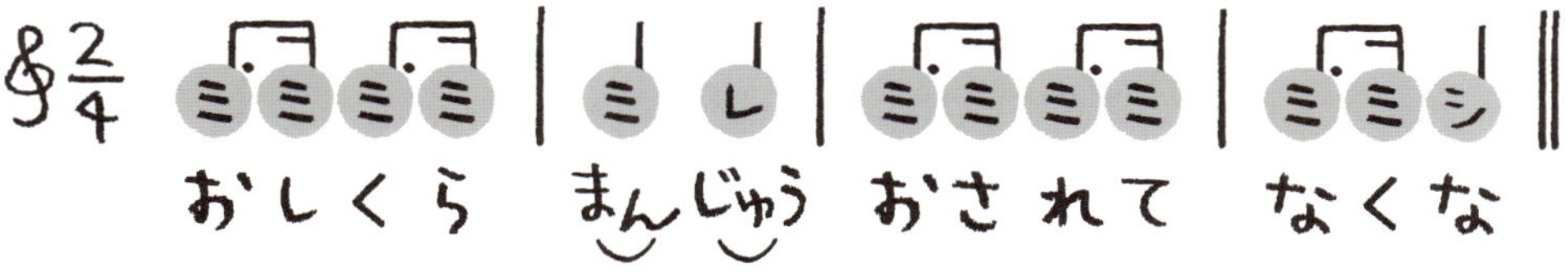

＊以降、くり返し

あそび方

お互いに足をふんばって、ぐいぐい押し合う。

＊前向きでも後ろ向きでもＯＫ。

たたく・蹴るをふんばるパワーに！

「落ち着きがない子」には、あふれるエネルギーをうまく手足に伝えることができないために、誰かをたたいたり、蹴ったりということが起こります。

そこでおすすめなのが、「おしくらまんじゅう」。子どもが飛びついてきたら、「おしくらまんじゅう　おされてなくな」と言いつつ、子どものからだをぐっと押してあげましょう。

ここで大切なのは、子どもが床に足をついてふんばり、背中を使って（前向きのときは腕や胸で）しっかりと大人のからだを押すこと。ぐっとふんばって押し返すことをおしえてあげましょう。そうすることで、運動感覚も育ちます。

手足をたくさん使ってあそぶことでからだ全体が育ってくると、たたくなどの乱暴な行動は減り、落ち着いてくるでしょう。

エネルギーがあり余っている子

「こりゃどこのじぞうさん」

動き	揺れる
人数	2人（大人と子ども）
運動強度	★★（からだ全体を揺らす）

あかちゃんからあそべる

♪こりゃどこの じぞうさん
うみのはたの じぞうさん
うみに つけて
どぼーん

あそび方（パターン❶）

子どもを後ろから抱え、歌に合わせて子どものからだをゆっくりと左右に振る。最後の「どぼーん」で、子どもを抱えたまま、下に軽くドスンと落とす。

＊あかちゃんから可。

あそび方（パターン❷）

子どもを腰の上に、横向きに抱える。歌に合わせて腰を左右にひねるようにしながら、ゆっくりと子どものからだを揺り動かす。最後の「どぼーん」で、大人は軽くひざを曲げる。

＊4～5歳頃から可。

動きたいなら揺らしてあげよう

いまどきの大学生の代表的な口癖は「疲れた」「眠い」「面倒くさい」ですが、保育園の子どもたちはその正反対。まるで疲れを知らないかのように、朝早くから園庭で走りまわってあそんでいます。

しかし、雨が降ると一転、園は大変な一日となります。子どもたちのエネルギーは行き場がなく、室内で走りまわったり、ときにはケンカになったりします。「静かにしなさーい」「走ってはいけません！」なんて怒鳴り声を上げても、だいたいは聞いてくれません。

そんなときは、「こりゃどこのじぞうさん」で、子どもの動きたい欲求を満たしてあげるとうまくいきます。子どもが「いつも動きまわりたい」と感じるのは、運動感覚と平衡感覚の刺激が少ないから。からだを揺らしてあげたり、適度に動かしてあげることで、せわしなく走りまわる子どもも、次第に落ち着いていきます。

エネルギーがあり余っている子

「おおなみこなみ」

動き	跳ぶ
人数	3人以上（なわのまわし手含む）
運動強度	★★★（連続して跳ぶ）

♪おおなみ
こなみで
風が吹いたら
まわしましょ

あそび方

1．ふたりが長なわとびを持ち、リズムに合わせて左右になわを揺らす。跳ぶひとは、なわにひっかからないように跳ぶ。

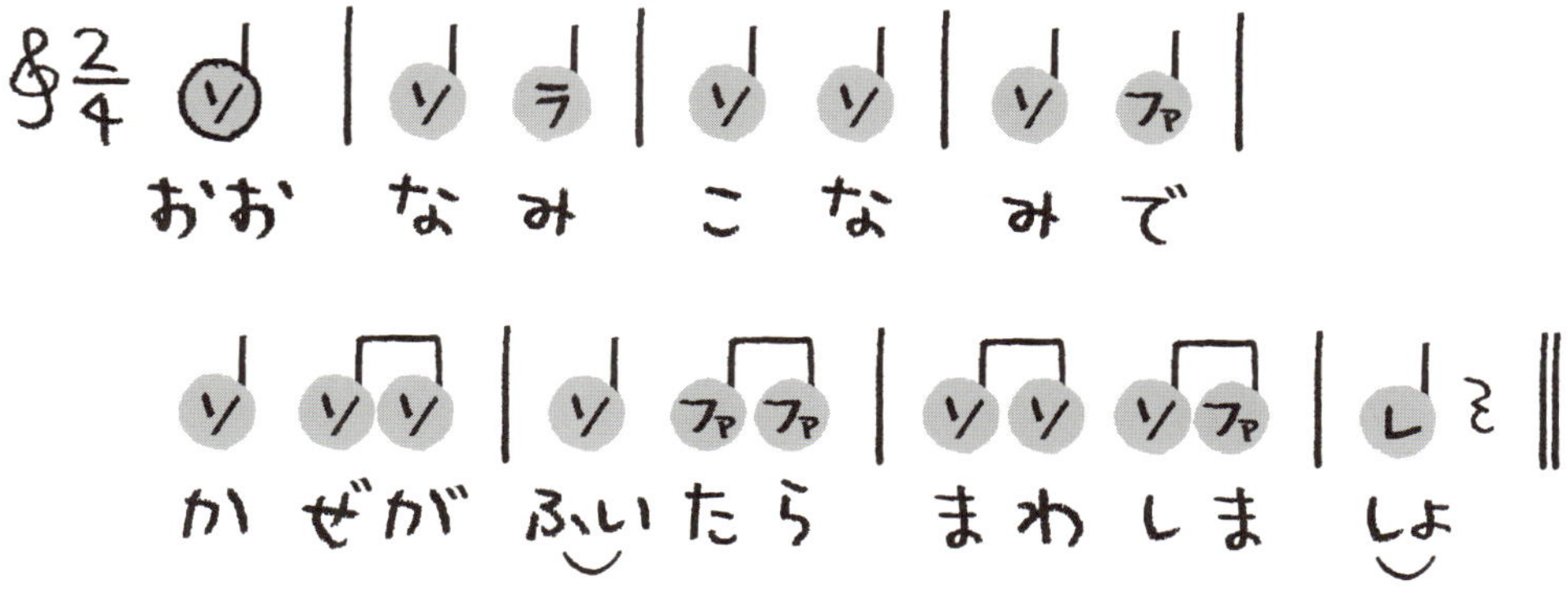
ソ
ソ ラ
ソ ソ
ソ ファ
おおなみこなみで
ソ
ソ ソ
ソ
ファ ファ
ソ ソ
ソ ファ
レ
かぜがふいたらまわしましょ

2. なわを大きくまわして、何回跳べるかをかぞえる。

雨の日のエネルギーを跳んで発散！

「落ち着きがない子」とは、「エネルギーがあり余っている子」とも言えます。子どものちいさなからだからあふれ出してしまったエネルギーを、うまく発散してあげましょう。

たとえば雨の日の保育園。子どもたちはふだんなら外で思いっきりからだを動かしてあそべるのに、雨ではそうはいきません。一日中部屋の中を走りまわり、あっちではけんか、こっちでは言い争いで、泣き叫ぶ声が……。子どもたちのあり余るエネルギーは行き場がありません。

そんなときは「おおなみこなみ」のような、なわとびうたであそぶのがおすすめ。軒下など雨がしのげて跳べるところならどこでもOK。「からだを動かしたい！」というエネルギーを発散したい子どもたちは、平衡感覚を刺激し、欲求を満たすことで落ち着いていくでしょう。

からだのコントロールができない子

「あしあしあひる」

動き　揺れる・歩く
人数　2人（大人と子ども）
運動強度　★★（立って歩く）

♪あしあしあひる
かかとをねらえ

＊決まったメロディはありません。動作に合わせて自由にどうぞ。

あそび方

子どもの両手を取り、大人の両足の上に子どもの両足を乗せる。そのまま、大人は子どもをゆっくりと左右に揺らしながら一緒に歩く。

＊後ろや横に歩いてもたのしい。

一緒に歩いて バランスを養う

保育園に通うアサトくん（仮名・5歳）は、穏やかでいつもニコニコしているので人気者です。その一方で、みんなと一緒に行動することができず、朝の会でほかの子が座ってお話を聞いているときも、あちこちへと立ち歩いてしまいます。補助の先生がアサトくんに寄り添って席についてもらおうとしても、頑として座りません。

また、手先は器用ではなく、はさみやのりを使った作業は苦手で、医療機関では軽度の「知的障がい」であると診断されています。

「あしあしあひる」は、左右に揺れながら一緒に歩くので、不安定になりますが、それがよいのです。揺れながら大人の足に合わせて歩くことは、運動感覚・平衡感覚を育てます。

子どもの手や肩にそっと触れながら行うので、子どもは安心感も抱くことができるでしょう。

姿勢のよくない子

「おおかぜこかぜ」

動き　押し合う
人数　2人
運動強度　★★（立って押し合う）

♪おおかぜ
こかぜ
どんどと
ふいてこい

あそび方

1．ふたりで向き合い、こぶしで左右の胸を交互に軽くたたきながら、歌をうたう。

＊大人はしゃがんで、子どもと目線の高さを合わせる。

＊決まったメロディはありません。動作に合わせて自由にどうぞ。

2.うたい終わったら、手押し相撲をする。てのひらだけを使って互いに押し合い、バランスを崩して足の位置が動いたほうが負け。

押し合って加減を覚える

先日保育園を訪問した際に気になったのは、姿勢が悪い子が結構いることです。とくに目立った子がマサヒロくん（仮名・5歳）。座っているときは机に突っ伏さんばかりにもたれかかっていますし、立っているときはからだが左右にフラフラと動いてしまいます。なぜなのでしょう？

それは運動感覚の未成熟さに起因しています。一定時間同じ姿勢を保持したり、思ったようにコントロールするには、運動感覚を育てる必要があります。

「おおかぜこかぜ」は手押し相撲です。相手の動きに合わせて相手のてのひらを押します。強く押しすぎても、相手が手を引いた場合はつんのめってしまうので、力の加減が重要です。こうして自分と相手の距離をうまくはかり、力を加減すること、さらに押されてふんばりながら倒れないようにすることで運動感覚が育っていきます。

姿勢を保てない子

「うまがはしれば」

動き	揺れる・乗る
人数	2人（大人と子ども）
運動強度	★（座ってあそべる）

♪うまがはしれば
のりてはゆれる
ゆれりゃのりては
でんぐりかえる

あそび方

1．大人は座って、子どもをひざの上に前向きに乗せ、腰をしっかりと支える。歌に合わせて、子どもが馬に乗っているように揺らす。

ラ ララ ララララ ラドララ ソソソ
うまが はしれば のりては ゆれる
ソ ソソ ソソファファ ファソララ ソファ ソ
ゆれりゃ のりては でんぐり かえる

2. 大人は両脚を開き、脚の間に子どもを落とす。このとき、子どもが床に腰を打たないよう、しっかりと支えておく。

「馬」に揺られて姿勢を保つ

スイス留学時代、シュタイナー治療教育施設で行われている乗馬セラピーをはじめて目の当たりにして、わたしはとても驚きました。身体的にも知的にも重度とされる障がいのあるマリアン（仮名・6歳）が、馬の上では大人の支えがなくても姿勢よく座っているのです。ふだんは姿勢を保持する力が弱く、落ち着きのないマリアンが、馬の動きに合わせて重心を移動させ、馬のからだを揺らしながら姿勢を保持している姿はまるで別人のようでした。

じつは、わらべうたにもこれに近いものが。そのひとつが、「うまがはしれば」です。子どもは大人の脚を馬に見立てて座ります。子どもは揺れに合わせて自然に体重移動と姿勢の保持をするので、平衡感覚が刺激され、正しく座るための筋肉や感覚が育ちます。食事中などに姿勢が崩れがちな子は、ふだんからこんなわらべうたでたのしくあそぶとよいでしょう。

姿勢を保てない子

「だれとだるまと」

動き　押し合う
人数　2人（大人と子ども）
運動強度　★（座ってあそべる）

♪だれと だるまと
うさぎと きつね
わらったら げんこ
あっぷ

＊決まったメロディはありません。動作に合わせて自由にどうぞ。

あそび方

向き合って座り、お互いのおでこをつけて、うたいながら押し合う。
最後の「あっぷ」で、にらめっこをし、笑って脱力したほうが負け。

支える力は押し合いっこで育つ

ある保育園では、絵本の読み聞かせの間、子どもたちは床で体操座りをします。けれど、そうすけくん（仮名・5歳）だけがじっと座っていられません。先生が注意しても、そうすけくんはまったく意に介さず立ち歩いています。そうすけくんのようにじっとしていられないのは、単に落ち着きがないのではなく、自身のからだを支える力が弱いためだと言えます。

そこで「だれとだるまと」です。ふたりで向き合って座り、額をつけて押し合うこのわらべうたは、首と背中にじょうずに力を入れないとうまくいきません。このあそびはにらめっこの一種でもあり、最後の「あっぷ」で笑うと力が抜けて押し合いに負けてしまいます。首と背中に意識的に力を入れることで、運動感覚が育ち、からだをしっかりと支える基礎が身につくでしょう。

よくぶつかる子

「ふくすけさん」

動き	触れられる
人数	2人（大人と子ども）
運動強度	★（座ってあそべる）

あかちゃんからあそべる

♪ふくすけさん
えんどうまめが
こげるよ
はやくいって
かんましな

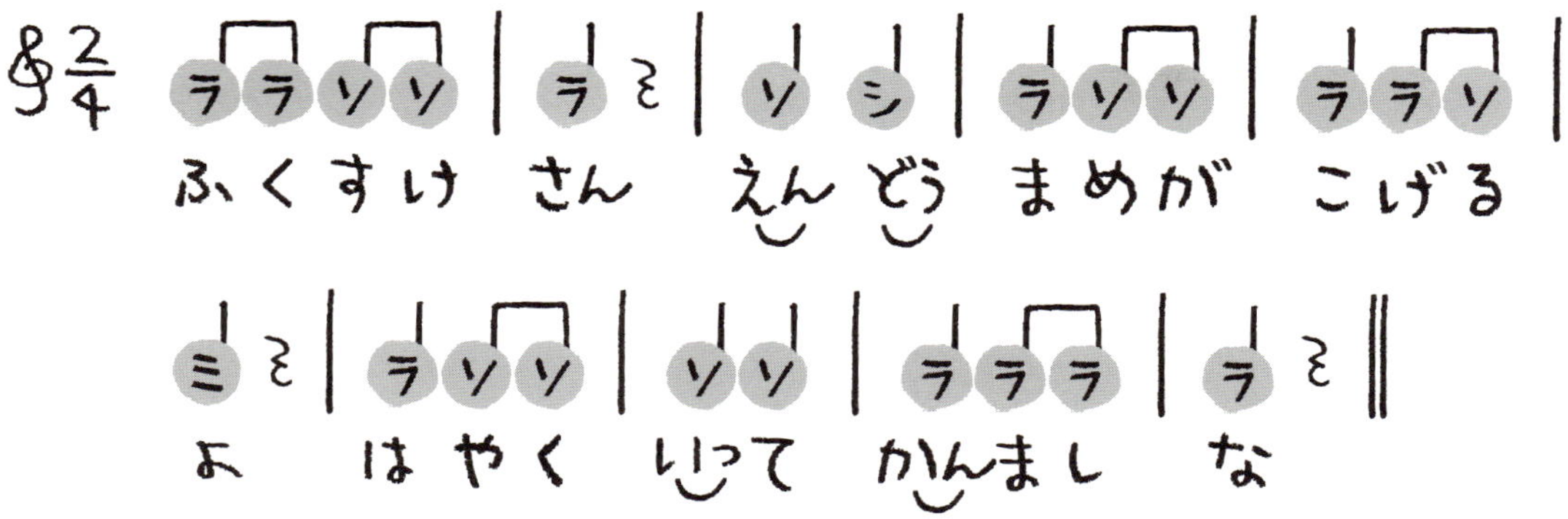

あそび方

子どもの足の指を小指から順に、しっかりと触れていく。最後の「かんましな（かき混ぜな）」で、親指を少し強めにグリグリとつまむ。

足の先まで「自分」を知る

「友だちとぶつかっても知らん顔」の子にときどき出会います。さとるくん（仮名・5歳）もそんな特徴のある子のひとり。幼児期の子どもは、大人のように自分のからだをすみずみまで認識していません。手の指も1本ずつ把握しているわけではなく、手という部位を漠然と把握しているだけです。これが足の指となると、さらに把握しづらくなると言えるでしょう。

この「ふくすけさん」は、歌に合わせて、足の指をゆっくりつまむように触れていきます。最後の「かんましな」は「かき混ぜな」という意味ですから、足の親指をちょっと強めにグリグリとつまんでみましょう。

子どもは、触れてもらいながら自分のからだを認識していきます。そうすることで、自分のからだをコントロールする運動感覚も育っていくのです。大人でも、箪笥《たんす》の角に足の小指をよくぶつけてしまうひとは「ふくすけさん」を誰かにやってもらうといいかもしれませんよ。

よくぶつかる子

「ここはてっくび」

動き	触れられる
人数	2人（大人と子ども）
運動強度	★（座ってあそべる）

あかちゃんからあそべる

♪ここはてっくび
てのひら
ありゃりゃに
こりゃりゃ
せったかぼうずに
いしゃぼうず
おさけわかしの
かんたろうさん

あそび方

1. 手首のところを、クルッと2回まわすようになでる。

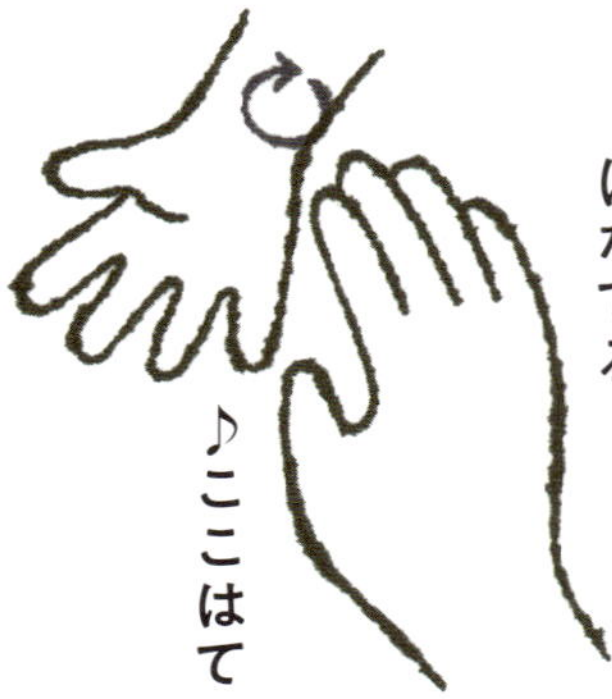

♪ここはてっくび

2. てのひらをやさしくなでる。

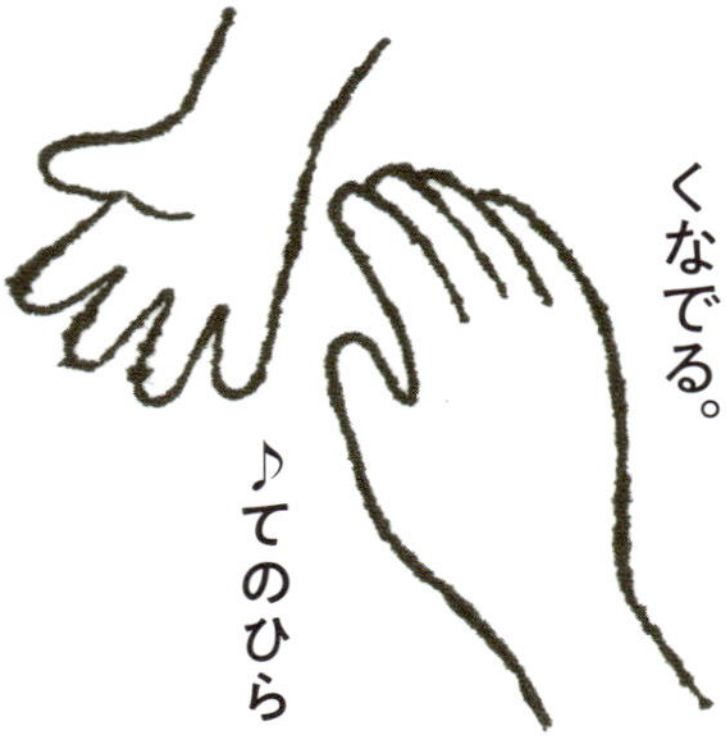

♪てのひら

3. 親指をつまむ。

♪ありゃりゃに

4. ひと差し指をつまむ。

♪こりゃりゃ

＊決まったメロディはありません。動作に合わせて自由にどうぞ。

手の先まで「自分」を知る

子ども時代の大事な課題は、頭の先からつま先まで、自分のからだを認識することです。とくに幼児期は、手足を思いっきり動かしてあそぶことが大切。1歳に満たないあかちゃんの場合は、大人がやさしく触れることで、自分のからだを認識します。

「ここはてっくび」は、「自分」を知るためにはとてもいいわらべうた。運動感覚は、自分のからだを思うように動かし、コントロールするために欠かせない感覚です。歌をうたいながら「ここはね、あなたの手首っていうんだよ」「おかあさんの大好きな指だね」という気持ちを込めて、しっかりと触れていきましょう。そうすることで、子どもの手足の感覚が目覚め、自分のイメージ通りに手足を使えることにつながっていきます。

5. 中指をつまむ。

♪せったかぼうずに

6. 薬指をつまむ。

♪いしゃぼうず

7. 小指をつまみながら軽くまわす。

♪おさけわかしのかんたろうさん

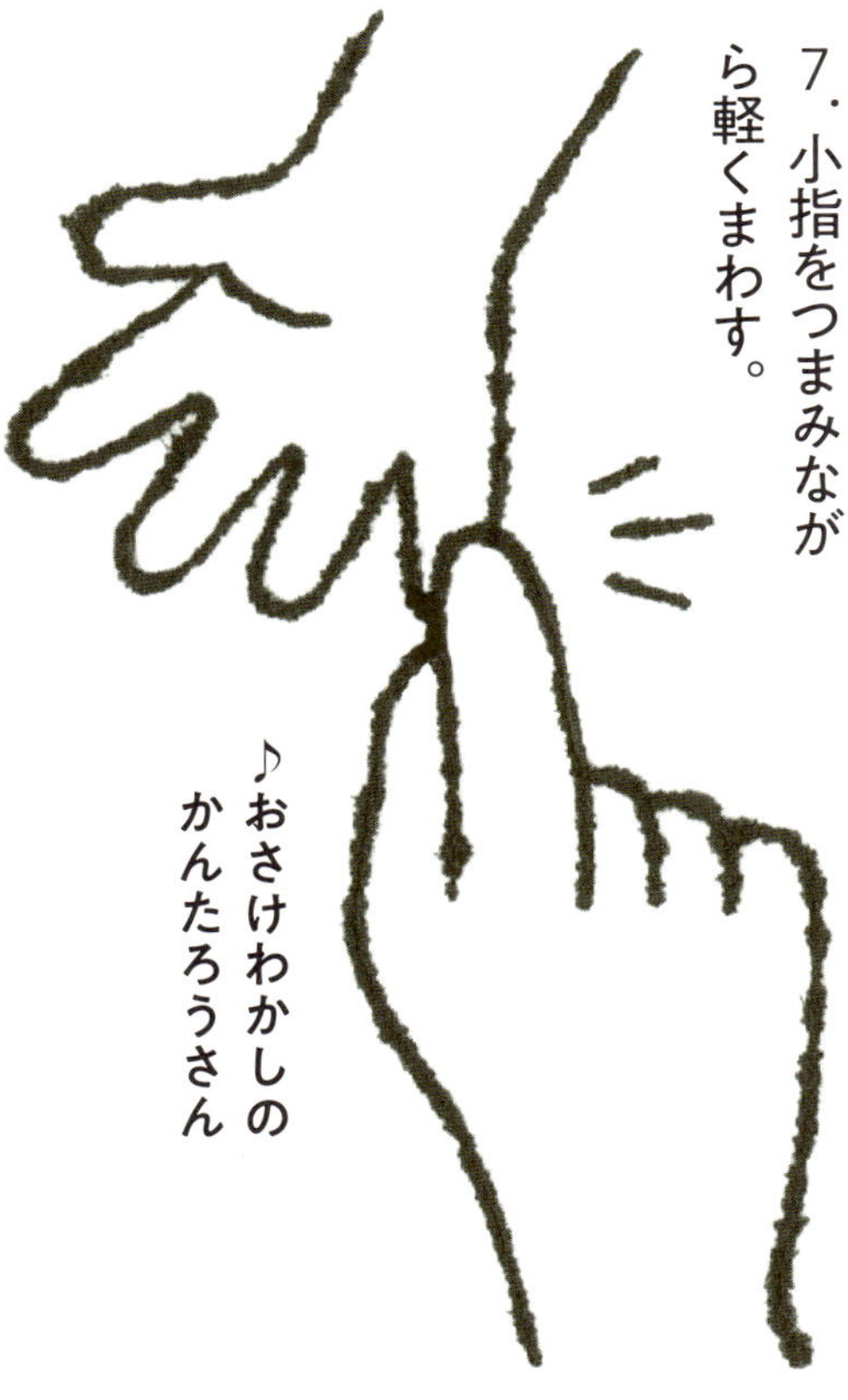

痛みを知らない子

「いちばちとまった」

動き　つねられる

人数　2人（大人と子ども）

運動強度　★（座ってあそべる）

♪いちばちとまった
にばちとまった
さんばちとまった
しばちとまった
ごばちとまった
ろくばちとまった
しちばちとまった
はちばちとまった
ぶーん！

あそび方

1．うたいながら、大人は子どもの手の甲から腕を、つねるように軽くつまんでいく。

♪いちばちとまった
にーばちとまった
さんばちとまった
しーばちとまった
ごーばちとまった
ろくばちとまった
しちばちとまった
はちばちとまった

痛《いた》たのしんで痛みを知る

先日「娘が蚊に刺されないよう

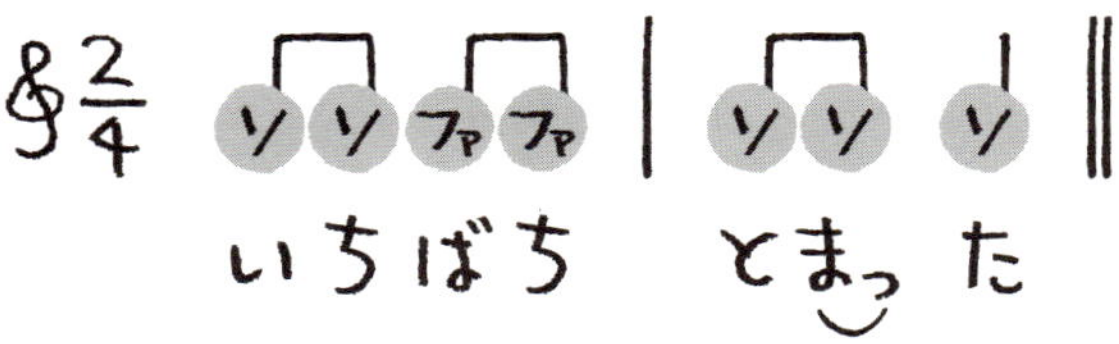
ソ ソ ファ ファ
ソ ソ ソ
いちばち とまった

＊以降、くり返し

♪ぶーん！
ぶーん

2. 最後に「ぶーん」と言いながら、ハチが飛んでいるように、子どものからだじゅうを軽くつまむまねをする。

に気をつけてほしい」と園にお願いするおかあさんに出会いました。

　このことばの背景にはいろいろな思いがあることは理解しつつも、最近は保護者も保育現場も子どものケガにとても敏感なようです。

子どもは手足を思いっきり使ってあそぶことでからだを成長させていきますから、その過程で多少のケガはつきものなのですが……。

　そこで「いちばちとまった」を紹介します。「痛い」という感覚は「これ以上の刺激はからだに危険」というセンサーで、子どもはあそびのなかで多少の痛みを経験しながらそのセンサーを常に起動させておく必要があります。

　触れ合いを通じ、安心と信頼のなかで展開される「ちょっと痛いあそび」は「たのしい」につながります。そんな「痛たのしいあそび」を取り戻しましょう。

転びやすい子

「すっかときって」

動き	人数	運動強度
走る（走る前のわらべうた）	3人以上（大人1人と子ども）	★★★（うたい終わってから鬼ごっこをする）

♪す・っか・とき・って・
ど・っち・がお・にじ・ゃ
て・の・つ・くほ・うが・
お・にじ・ゃ
お・にじ・ゃ

＊決まったメロディはありません。動作に合わせて自由にどうぞ。

あそび方

子ども数人で輪になって、こぶしを差し出す。大人は、うたの●の部分で、ひと差し指でこぶしをついていく。最後の「じゃ」でこぶしをつかれた子どもが鬼になる。

鬼ごっこの前に

保育園に通うタケルくん（仮名・4歳）は、つま先だけでフワフワと歩くのでよく転び、からだのあちこちにすり傷ができています。給食のときも、ふらーっと席を立って歩いてしまいます。よく観察すると、タケルくんはからだのコントロールが苦手で、運動感覚が未成熟のようです。タケルくんのように「地に足のついていない子」におすすめなのは、歩く、走る、手足を思い切り使うなどして、とにかくあそぶことです。

そこで今回の「すっかときって」。これは鬼ごっこなどをするときの「鬼決め歌」ですから、うたい終わったらぜひ鬼ごっこを！

運動感覚の未成熟な子は、ほかの子にぶつかったり、転んだりすることがありますから、のびのびと走りまわれる広い場所を選びましょう。思いっきり走りまわるうちに、からだが次第に育っていくことでしょう。

転びやすい子

「いちじく にんじん」

動き	ぶら下がる
人数	2人以上（大人1人と子ども）
運動強度	★★（立ってぶら下がる）

あそび方

大人は腕を大きく広げて立ち、子どもは大人の腕にぶら下がる。子どもがぶら下がっている間、大人は歌をうたう。

♪いちじく　にんじん
さんしょに　しいたけ
ごぼうに　むくろじゅ
ななくさ　はつたけ
きゅうりに　とうがん
とうがらし

ぶら下がれば転ばない！

先日、ある保育士さんからこんな相談を受けました。「ケイちゃ

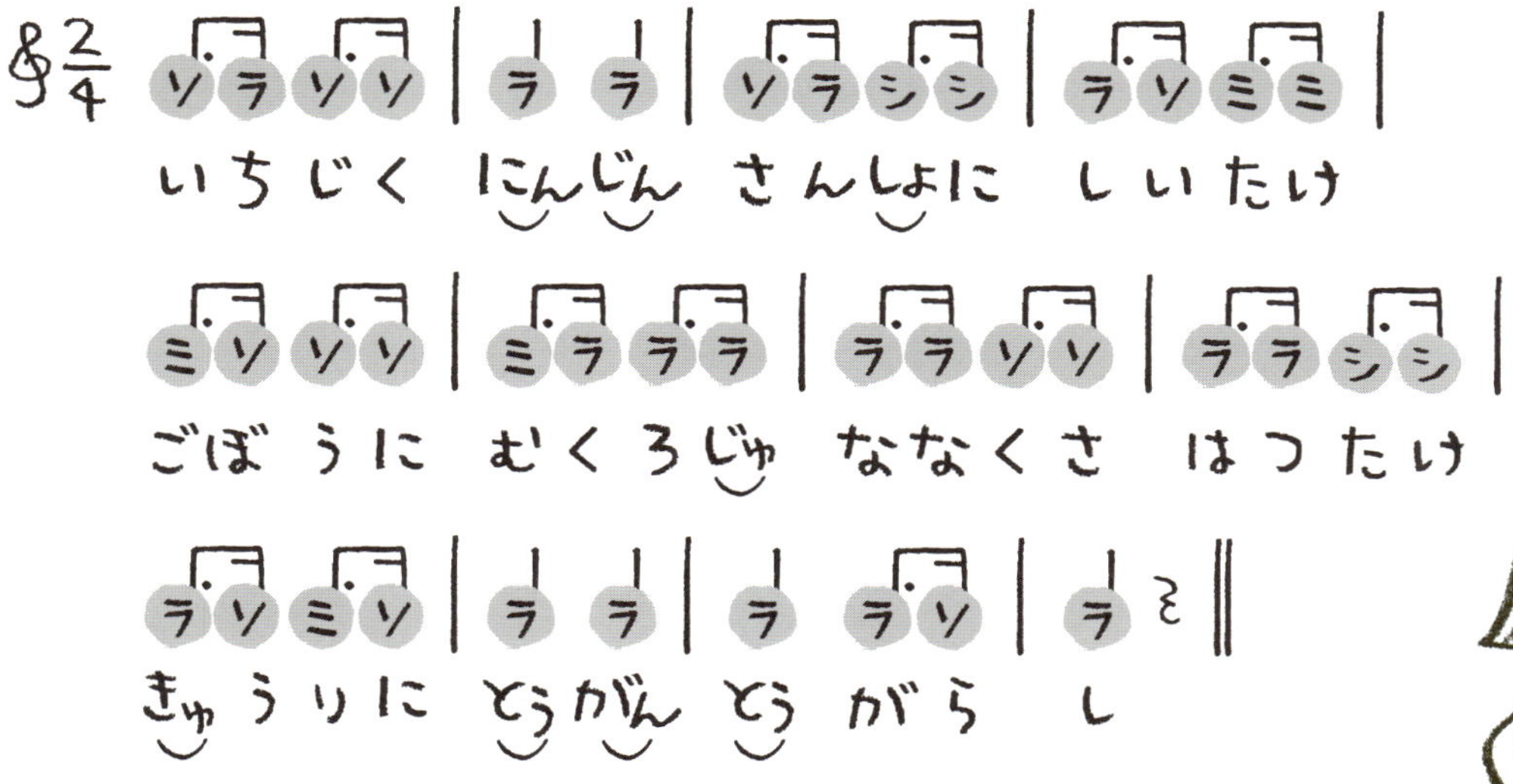

ん（仮名・2歳）のママから『うちの子に絶対ケガをさせないで』と言われて困っているんです」と。ケガが心配なので、とくに外あそびは控えてほしいと言われているのだとか。

ケイちゃんを観察すると、手足が細く、立ち姿も歩き方も不安定なようすでした。何度も転んでいることから察すると、これまでほとんど外あそびの経験がないよう。おかあさんの「ケガをさせないように」という気持ちが逆にケガをしやすいからだをつくっていたのでした。

そこで「いちじく にんじん」を紹介します。ぶら下がることでからだを支えるちいさな筋肉が育ち運動感覚を育みます。転びやすい子は運動感覚が未成熟である場合が多いので、このように手足をたくさん使ってあそぶことが大切なのです。

アンバランスな子

「ゆっつゆっつ桃の木」

動き	ぶら下がる・よじ登る
人数	2人（大人と子ども）
運動強度	★★（立ってあそぶ）

♪ゆっつゆっつ（ゆらゆら）
桃の木
桃がなったら
くんべいぞ（食べてやるぞ）

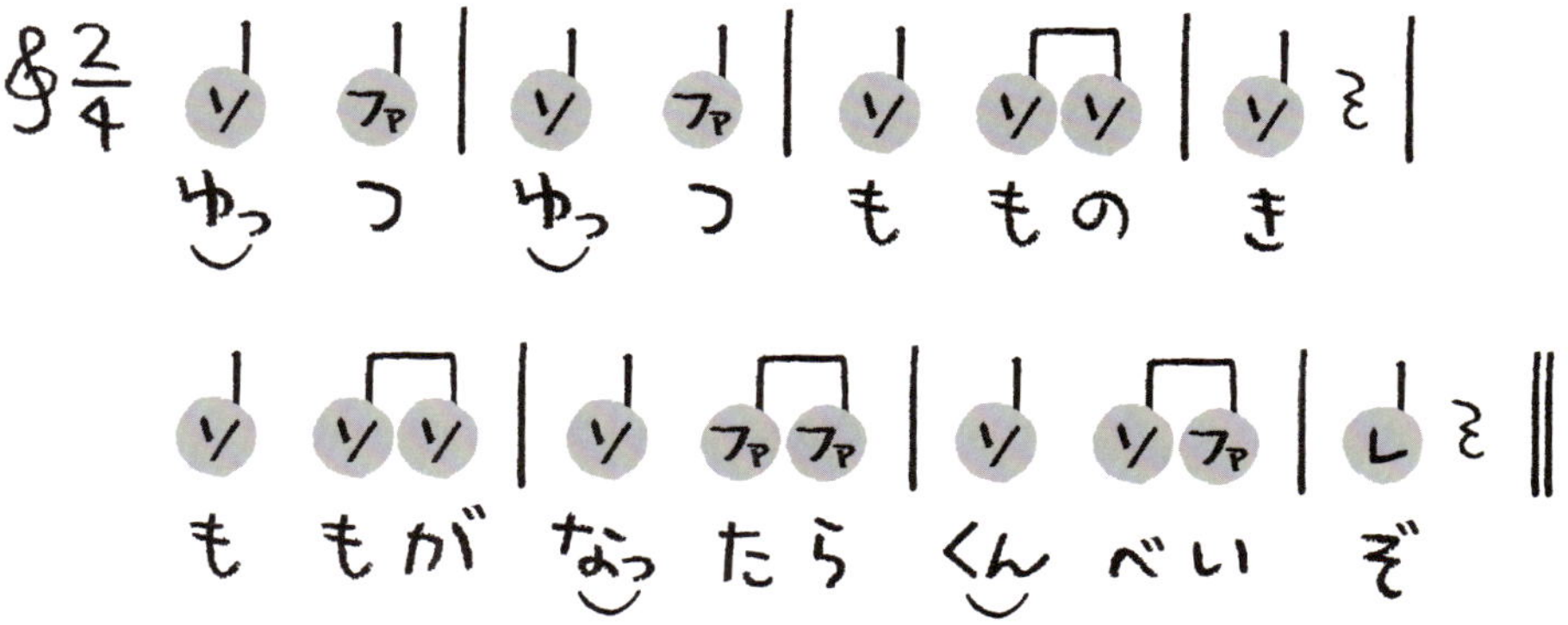
ゆっつ ゆっつ ももの き
ももが なったら くんべい ぞ

あそび方
大人は自らを「木」に見立てて、足を肩幅より広めに開いて立ち、腕を上に曲げる。子どもは大人の腕につかまり、首までよじ登る。子どもが登っている間、大人は歌をうたう。

「木」を存分に登って

オーくん（仮名・4歳）と週末を過ごしたおとうさんが、週明け、保育士にため息まじりにつぶやきました。「この子とどうあそべばいいかわかりませんでした」。

　オーくんは園でもなかなかみんなと一緒に座っていられません。先生が話すことばも聞いていないことが多く、歩くときはからだを左右に揺らしながら歩きます。こうした行動は、からだの発達が多少アンバランスなためと思えます。

　このような特徴のある子と一緒にあそぶときにおすすめなのが「ゆっつゆっつ桃の木」です。これは木登りうたですが、今回は「おとうさん（おかあさん）の木」に登ってあそびましょう。腕や肩にしがみつき、首まで登るには、全身をバランスよく使う必要があります。運動感覚を育てるこのあそびを通して、子どものからだが育つと同時に、親子の信頼関係も深まっていきます。

手の動きが多い子

「こめついたらはなそ」

動き	つままれる
人数	2人（大人と子ども）
運動強度	★（座ってあそべる）

♪こめついたらはなそ
こめついたらはなそ
はなした

あそび方

1. 子どもの手の甲をつまんで揺らす。

2. つまんでいた手を離し、子どもの手全体を包む。

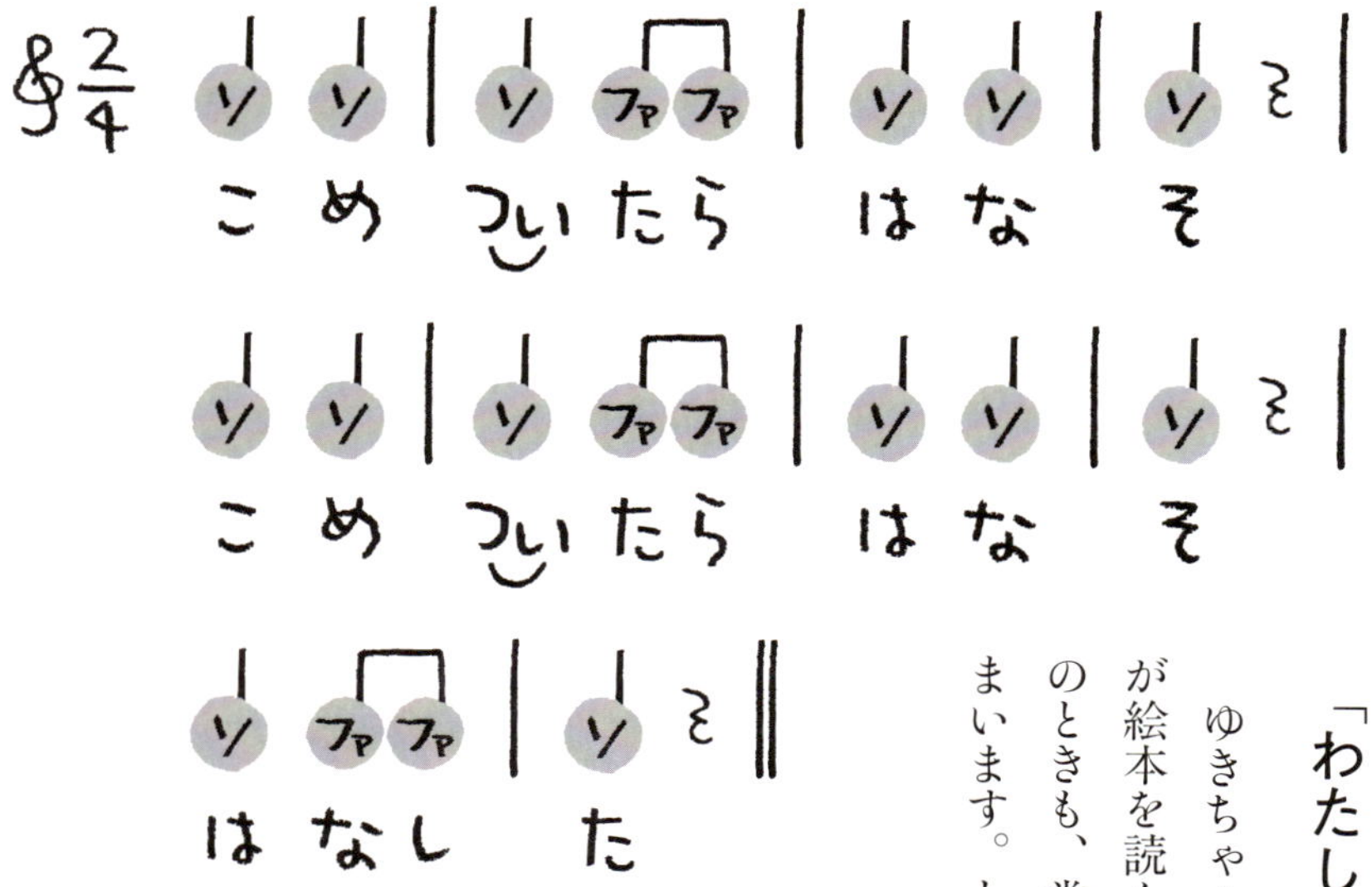

ソ ソ ソ ファ ファ ソ ソ ソ
こ め ついたら は な そ
ソ ソ ソ ファ ファ ソ ソ ソ
こ め ついたら は な そ
ソ ファ ファ ソ
は な し た

つまれてわかる「わたしの手」

ゆきちゃん（仮名・4歳）は、先生が絵本を読んでいるときも、給食のときも、常にからだが動いてしまいます。とくに手が落ち着かないようで、給食のとき、右手はスプーンを使いながらも、左手で食べものをつかんだり、となりの子の給食に手が伸びたりしています。自分のからだをどのように動かしたらいいのかわからず、コントロールがきかないようです。

　手の動きが多い子には「こめついたらはなそ」をおすすめします。手の甲をつまみながら揺らす動きは、手にわずかに痛みが生じます。痛みとはとても大切で、手に痛みが生じると、子どもは自分の手を認識します。すると、運動感覚が育ちます。また、最後に手全体をふわっと包むことで、安心感を抱きます。そんな「痛たのしい」あそびは、子どものこころとからだを育てていくことでしょう。

うまく運べない子

「さらわたし」

動き　運ぶ・渡す
人数　2人（大人と子ども）
運動強度　★★（歩いて運ぶ）

♪さらわたし
さらわたし
しずかにわたす
こがねのゆうひ
オニのいないうちに
オニのいないうちに

あそび方
お盆の上に飲みものを入れたコップをのせて、歌に合わせて目標の場所まで運ぶ。

全身を使って運んでみよう

先日ある園に行った際、椅子をじょうずに運べないじゅんいちくん（仮名・5歳）に出会いました。じゅんいちくんは足で蹴っ飛ばしながら椅子を移動させています。この姿だけを見ると、じゅんいちくんが「いい加減」で「態度が悪い」ように見えてしまいますが、どうやら彼は運動感覚が未成熟で、からだを協調させて動かしたり、コントロールすることへの苦手さがあるようです。

こうした苦手さのある子におすすめなのが、「さらわたし」です。歌に合わせてお盆にのせた飲みものをこぼさないように運んでみましょう。こうした動きに意識を向けることで、腕やからだ全体の協調性を育み、コントロールする力を育てます。

配膳や片づけなど日常的なお手伝いのなかには、子どものからだを育てる要素がたくさんありますので、ご家庭でも工夫してみるとよいでしょう。

手先が不器用な子

「おせんべやけたかな」

動き	ひっくり返す
人数	3人以上
運動強度	★（座ってあそべる）

♪おせんべ やけたかな

あそび方

1. てのひらを下にして、両手を並べる。オニが「おせんべやけたかな」のことばに合わせて、ひと差し指を各手の甲に当てていく。

2. 「な」に当たった手は、片面「やけた」ことになり、ひっくり返して、てのひらを上にする。

3. 1～2をくり返していき、2回当たると両面「やけた」ことになるので、手を下げる。両手ともにいちばん早く焼けたひとが勝ち！

＊決まったメロディはありません。動作に合わせて自由にどうぞ。

「ひっくり返す」がはじめの一手

当時小学2年生の息子と食事をしていて「箸の持ち方が何だか違う」ことに気づきました。「箸はね、中指を箸の間にはさんで持つんだよ、ほら鉛筆を持つように」と、プライドを傷つけないようおしえてみましたが、現状が持ちやすいのだと主張する息子。確かに、細かく指を動かす箸の持ち方は、イチからおしえるより修正するほうがじつは難しいもの。

指先を細かく動かすことが苦手な子どもに、その動きをおしえるのにはコツがあります。それは「大きな動きからちいさな動きへ」と発展させることです。

そこで「おせんべやけたかな」。「おせんべやけたかな」と言いながら当てられた手をひっくり返す。この「ひっくり返す」動きが重要なのです。大人には何でもないように思えるこの手首をひねる動きも、じつは左図のように複雑で、ふたの開閉や、蛇口をひねるなど、日常生活のさまざまな場面で使われます。

このように、運動感覚を育むためには、まずたのしいあそびを通して大きな動きをたくさん体験することがポイントです。からだ全体が育ってから細かい動きにトライするとスムーズに運動感覚が育っていくことでしょう。

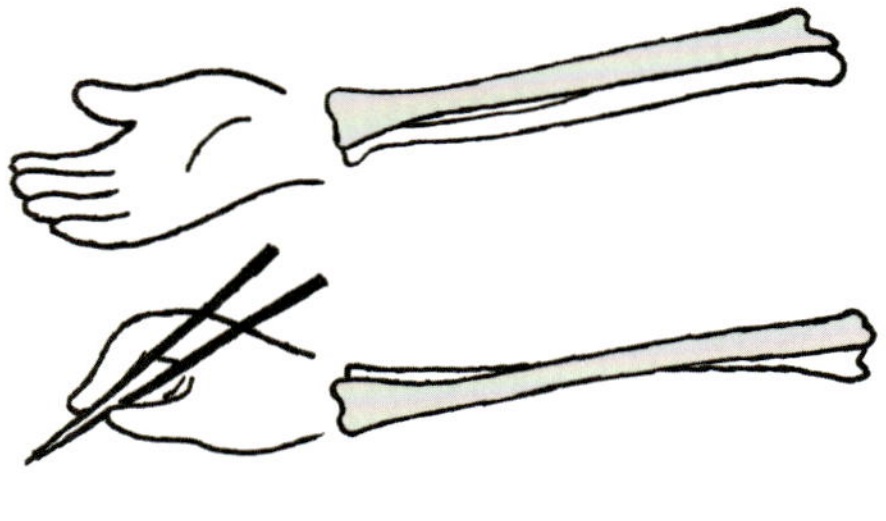

ひじから下の骨が交差することによって、てのひらを「ひっくり返す」動きができることがわかります。

動きがぎこちない子

「ちびすけどっこい」

動き	ふんばる・押し合う
人数	2人
運動強度	★★★（相撲をとる）

♪ちびすけどっこい
はだかでこい
ふんどしかついで
はだかでこい
はっけよーい
のこった！

あそび方

1．向き合って、うたいながら四股《しこ》をふむ。

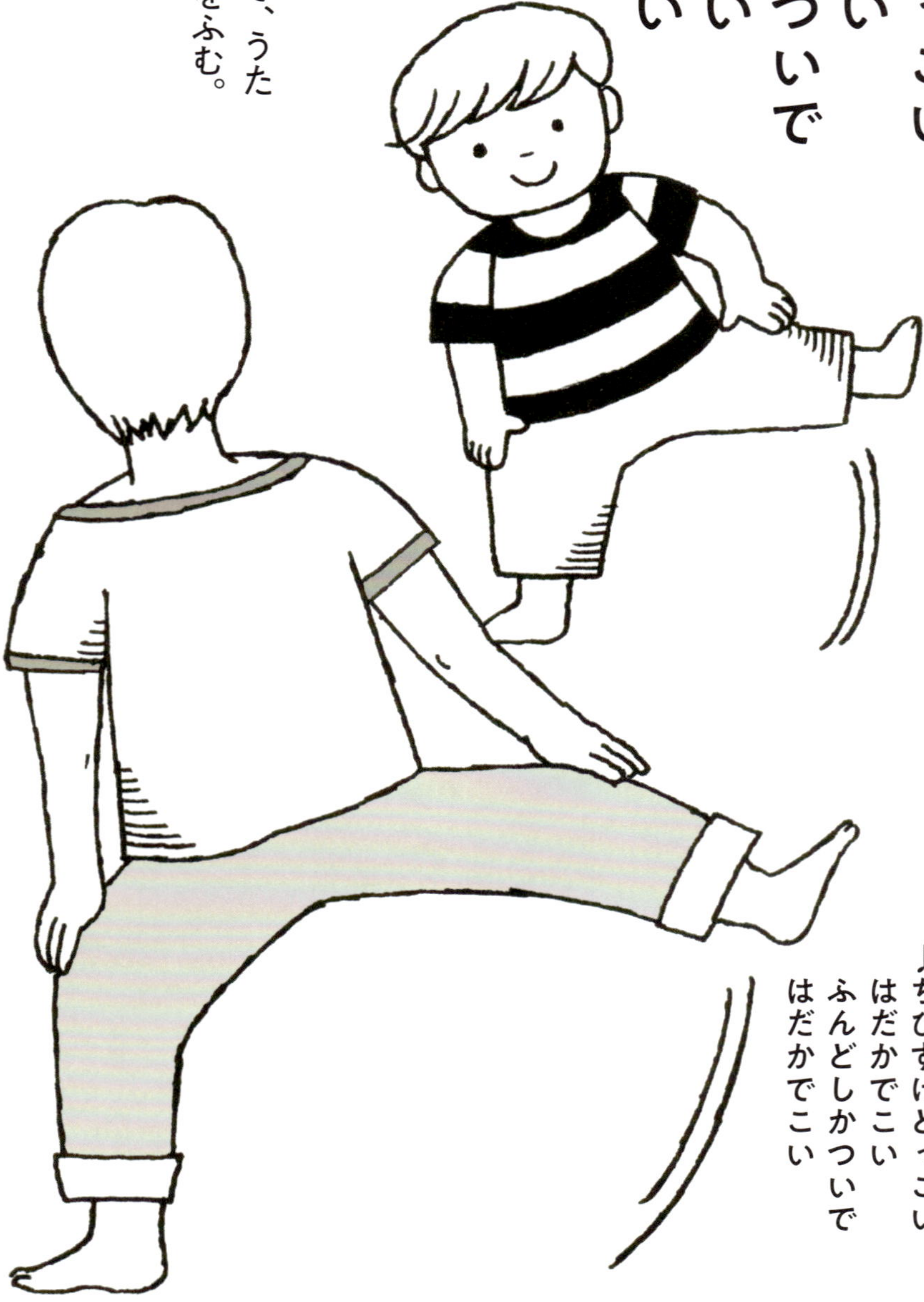

♪ちびすけどっこい
はだかでこい
ふんどしかついで
はだかでこい

＊決まったメロディはありません。
動作に合わせて自由にどうぞ。

2. 相撲をとる。子どもは足をふんばりながら、からだ全体を使って押すのがポイント。

♪はっけよーい
のこった!

押し合ううちに ぎこちなさが解消

「動きがぎこちない子」は、たとえば運動会でおゆうぎをする際に、みんなと同じ動きがなかなかできなくて、先生に頻繁に注意されたりします。「組体操」でも苦労をすることが多いでしょう。また、はいはいをしないで急に歩きはじめたり、「つま先歩き」をする子にもこうした傾向があるようです。

　そこでおすすめなのが、「ちびすけどっこい」。ふたりで向かい合い「ちびすけどっこい〜」とうたいながら、リズムよく四股《しこ》をふみます。その後は「はっけよーいのこった!」で相撲をとります。子どもは一生懸命押してきますが、最初はなかなかうまく押せません。でも、そこで大人はすぐに勝負をつけてしまわないで。しばらく押し合うことで、運動感覚を育て、しっかりと押すことを子どもは学んでいきます。

動きがぎこちない子

「いろはに こんぺいとう」

動き	またぐ・くぐる・跳ぶ
人数	3人以上（ゴムの持ち手含む）
運動強度	★★★（全身を使う）

♪いろはに
こんぺいとう
またぐか
くぐるか
とぶか

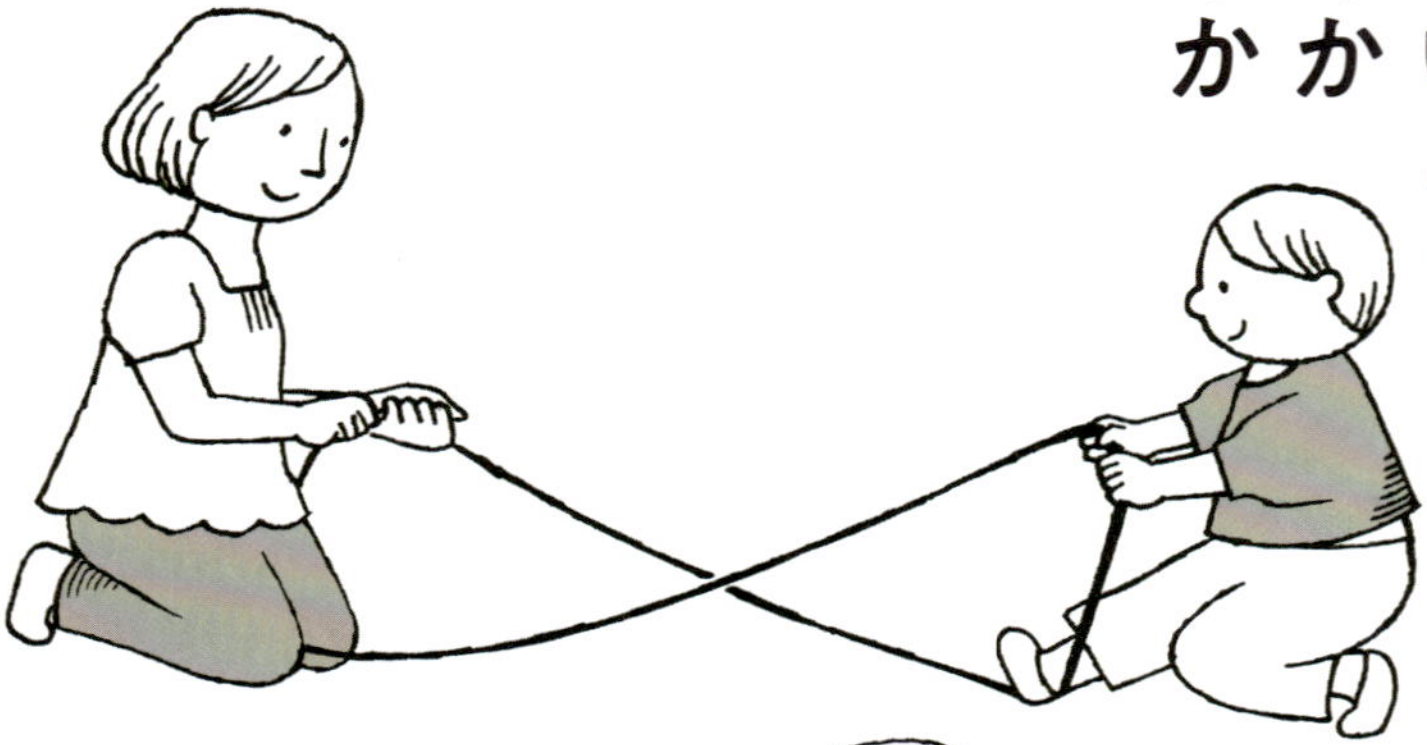

あそび方

1．持ち手のふたりが、うたいながらゴムを好きな形に伸ばしてスタンバイ。

2．跳び手は後ろを向き（ゴムのようすを見ずに）「またぐ」「くぐる」「とぶ」のいずれかを選ぶ。

3．2で選んだ方法で、跳び手はチャレンジ！ ゴムに触れてしまったら、ほかのひとと交代する。

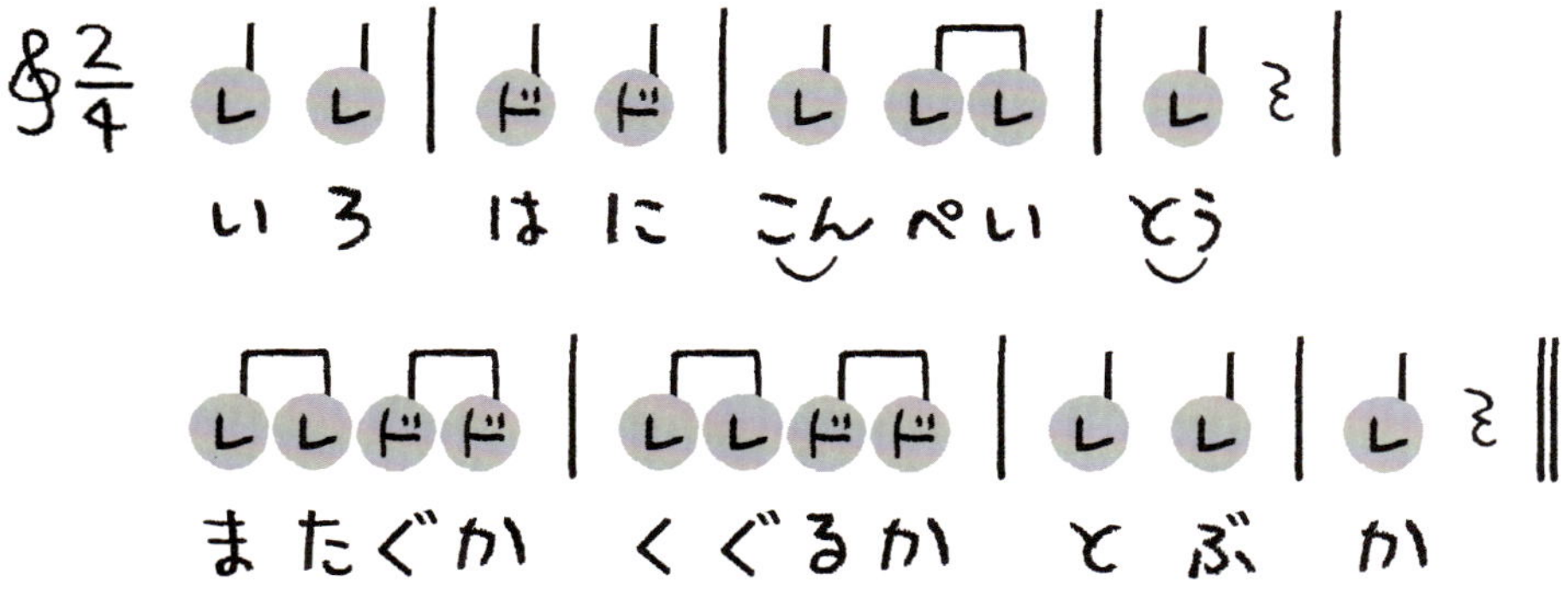

大人の運動不足も一緒に解消！

おとうさんたちにとって、休日はなかなか「休む日」とはなりにくいですよね。わたし的には、野球でも観てのんびり「球日」にしたいし、時には勉強の「究日」にもしたいのですが、だいたいは子どもたちの世話をする「給日」となります。でも、専業主婦の妻には365日休みがないわけで……。「家で休もうなんて思うほうがどうかしてる」という声も聞こえてくるような。いえいえ、決してケンカしたいわけではありませんよ。せっかくの休日、ケンカばかりの「斜日」となりませんように。

というわけで、きょうもわたしは子どもたちとあそんでおります。今回は庭でゴム跳びあそびの「いろはにこんぺいとう」をやってみました。子どもたちの持つゴムひもをまたいだり、くぐったり、跳んだりしてあそびます。子どもの頃はかるーくできたのに、あれっ？ おしりがゴムにひっかかる。足がうまく抜けない……。大人になってカチコチになってしまったからだは、なかなか言うことを聞いてくれません。そう、これは「からだの動きがぎこちない子」と同じ状況です。

こうした子どもたちは関節や筋肉のかたさに加えて、協調運動にもトラブルが生じています。「いろはにこんぺいとう」のようなあそびを通して、運動感覚を育て、からだをバランスよく動かすことが、成長の支えとなるでしょう。からだのかたくなった大人のみなさんにもおすすめですよ。

動きがぎこちない子

「くまさん　くまさん」

動き	多様な動き
人数	2人以上（大人と子ども）
運動強度	★★★（立っていろいろな動きをする）

♪くまさん　くまさん
まわれ右
くまさん　くまさん
両手をついて
くまさん　くまさん
片足あげて
くまさん　くまさん
さようなら

あそび方

1．最初に向き合う。「くまさん　くまさん」で足ぶみし、「まわれみぎ」で右に回転。

2．「くまさん　くまさん」で足ぶみし、「りょうてをついて」で両手でハイタッチ。

♪くまさん
くまさん
かたあしあげて

3.「くまさん　くまさん」で足ぶみし、「かたあしあげて」で片足ジャンプ。

♪くまさん
くまさん
さようなら

4.「くまさんくまさん」で足ぶみし、「さようなら」でおじぎ。

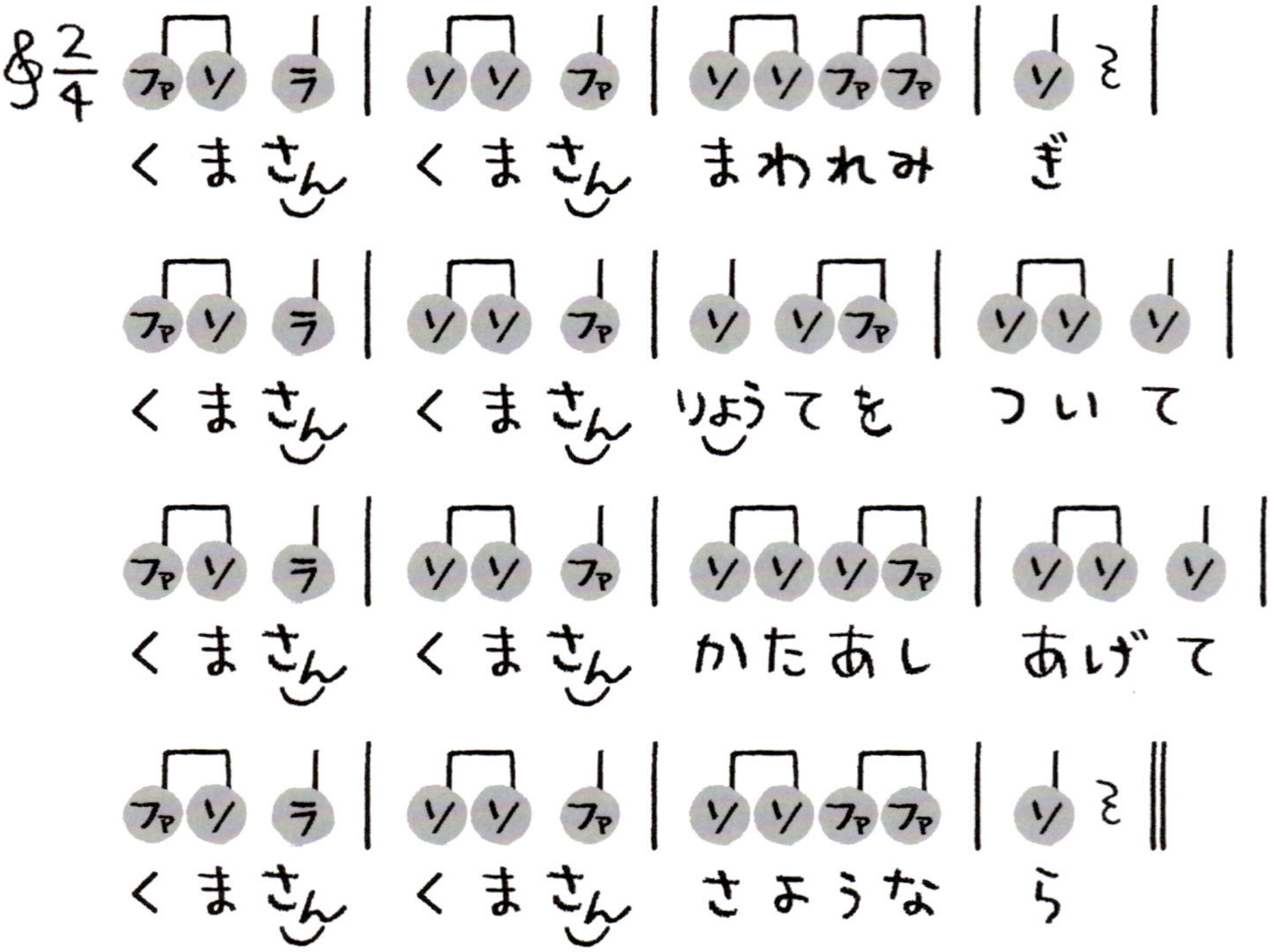

いろんな動きを飽きずにくり返す

たかしくん（仮名・5歳）は手先が不器用で、からだの動かし方もどこかぎこちなく、かたいようです。こうした子は何をやってもみんなより時間がかかったりできなかったりして、ほかの子どもと一緒にあそべないことがよくあります。

そんなときには「くまさん くまさん」をしてみましょう。いきなり集団ではなく、まずは大人と一緒に1対1でやってみるのがおすすめです。「くまさんくまさん」は、触れ合い、回転、地面をふみしめて歩くなど、あそびに大切な触覚、平衡感覚、運動感覚を育てる要素が入っています。

動きがかたい子は、からだを動かしてあそぶことがおっくうになりがち。そうなる前に、ちいさい頃から手足を中心にからだをたくさん動かすことが大切です。

コミュニケーションが「気になる子」

「こころを満たす」わらべうた

どうしてか、お友だちとずれてしまう。なんとなく、集中力がない。不安や緊張が、とても強い……そうした「気になる子」の行動は、身近なひとと触れ合うことで落ち着いていきます。

子どもたちは、からだの感覚や体験、まねなど、ことば以外のものから多くを学びます。まずは身近な大人と、わらべうたで触れ合いながらコミュニケーションをとることで、どこで過ごしていても揺るがない、安心感をもってもらいましょう。

触れることは、大人にとってもこころ安らぐもの。ちょっとこころが疲れたときは、子どもたちにわらべうたのお誘いをしてみては？

みんなとあそべない子

「おてぶし てぶし」

動き	集中する
人数	2人以上（大人1人と子ども）
運動強度	★（座ってあそべる）

♪おてぶし　てぶし
てぶしのなかに
へびのなまやけ
かえるのさしみ
いっちょばこ
やるから
まるめておくれ
いーや

あそび方

1．大人は、てのひらの中に宝もの（木の実や花びら、きれいな石など）をひとつ握る。うたいながらリズムに合わせて、右手、左手と交互に宝ものを入れ替える。

2．大人は左右のこぶしを差し出し、どちらの手の中に宝ものが入っているか、子どもたちに当ててもらう。

♪おてぶし　てぶし
てぶしのなかに
へびのなまやけ
かえるのさしみ
いっちょばこ
やるから
まるめておくれ　♪いーや

当てっこで自然と集中

わたしがときおり訪れる保育園は、子どもたちが元気いっぱいにあそんでいるにもかかわらず、園内は静かです。その理由は、テレビやDVDなどの刺激的な機械音がしないことだけではありません。その園の保育士は、子どもを引きつける、ちょっとした、たのしい工夫をしているのです。

その工夫とは……みんなであそぶ前や大事な話の前に、静かなわらべうたや手あそびを行うのです。

たとえば「おてぶしてぶし」は子どもたちの気持ちを引きつけ、またたのしい気持ちにさせる手あそびのひとつです。多くの子どもは「どちらかを当てるあそび」が大好きです。保育士の話が伝わりにくい子どもや、動きの多い子どもたちも、自然に寄ってきて「あっちだよ」とか「こっちだよ」とか言いながら、積極的にみんなと関わっていくことでしょう。

みんなとぁそべない子

「お寺のはな子さん」

動き	触れ合う
人数	2人
運動強度	★（座ってぁそべる）

♪お寺の
はな子さんが
お寺の庭に
たねまいた
たねまいた
芽が出て
ふくらんで
花が咲いて
しぼんだ
じゃんけんぽん

あそび方

1. 向き合って座る。お互い左手を上向きにして、右手を相手の左手・自分の左手に、歌に合わせてタッチする。

みんなとあそべない子（楽譜＆エッセイは次ページ）

2．片方の手で、もう一方のてのひらに種をまく素振りをする。

♪たねまいた　たねまいた

3．両手を胸の前で合わせる。

♪めがでて

4．合わせた手をふくらませる。

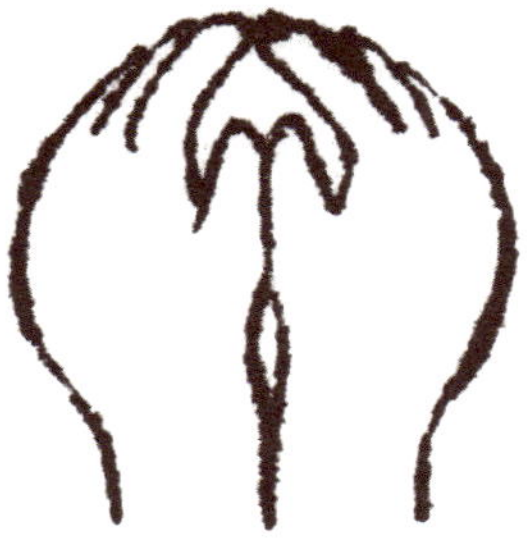

♪ふくらんで

5．合わせた手を花びらのように開く。

♪はーながさいて

6．開いた手を閉じ、両手ともに軽く握る。

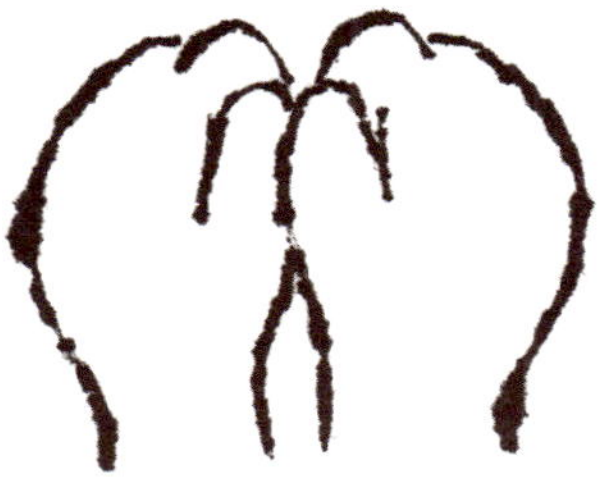

♪しーぼんだ

7．じゃんけんをする。

♪じゃんけんぽん

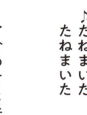

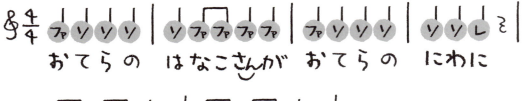

触れ合って生まれる信頼

園に一歩足をふみ入れると、「乱暴だ」「みんなと一緒に行動できない」など、さまざまな「問題を抱えた子ども」に出会います。これは、子どもをとりまくあそびの環境が変化していることが遠因なのでは、とわたしは考えています。いまやスマホやタブレットを使っていつでもどこでも動画を見ることができる時代。子どもは直接触れ合ったり、からだを動かすことなく「たのしい」時間を過ごすことができます。本来、子どもは屋外で手足を思いっきり動かしてへとへとになるまであそび、ひとと直接触れ合うことを通して、こころとからだを成長させていきます。

そこで「お寺のはな子さん」です。まずは大人と向き合って、手を交互に合わせます。じょうずにできなくても大丈夫。大切なのは触れ合うことです。触れ合うことは触覚を育てることであり、触覚には他者との信頼関係を育む働きがあります。「お寺のはな子さん」のように、ちょっとした触れ合いを通して、大人との信頼関係は深まっていくものです。

みんなとあそべない子

「だるまさんがころんだ」

動き　止まる・走る
人数　3人以上
運動強度　★★★（走ってあそぶ）

♪だるまさんが
ころんだ

＊決まったメロディはありません。
動作に合わせて自由にどうぞ。

年齢が異なるときはルールをゆるやかに

わがやの4人の子どもたちは、男女2人ずつ。ケンカもしますが、よく一緒にあそびます。「だるまさんがころんだ」であそんだときは大騒ぎ。当時5歳の末娘はいちばん盛り上がっているのですが、どうしてもピタッと止まれない。子どもなりにみんな真剣ですから、ちょっとでも動く妹を厳しくジャッジします。「動いてない！」「いや動いた！」。さっきまでたのしく盛り上がっていたのに、今度はきょうだいで大ゲンカ……。

ちいさい子や気になる子どもたちと一緒にあそぶとき「ルールが守れない」と周囲に言われることがあります。でもそれは「ルールが厳しすぎる」場合が多いものです。そんなときは、あそびのルールをちょっとだけ変更してみます。

「だるまさんがころんだ」は、運動感覚や平衡感覚が未成熟で、じっとしていることが苦手な子どもにはむずかしい場合が。

そこで、オニにたどり着くまでの間に大きさの違う円をロープなどでいくつかつくってみます。そして円内の「安全地帯」に入っているときは動いてもオニにつかまらないというルールを設けます。オニの近くの円はちいさいものを複数用意すると、片足で入ったり円をまたいで立ったりと、その子ができるさまざまな立ち方をしながらあそべます。こうしてルールをゆるやかにすることで、どの子にもたのしくあそべるようになります。

さて、わがやの子どもたちはというと……親の苦労を知ってか知らずか、相変わらずケンカばかり。実際の子育てはなかなか思い通りにはいかないものですねぇ。

あそび方

1．オニをひとり決め、木や壁側を向く。それ以外は子になり、オニからある程度離れたそれぞれの場所に立つ。子は「はじめのいっぽ」と言い1歩（または数歩）オニに近づいていく。

2．オニが「だるまさんがころんだ」と言っている間に、子はなるべくオニに近づく。

3．オニは「〜ころんだ」の「だ」に合わせて、パッと子のほうへ振り向く。

4．子はオニが振り向いている間は身動きしない。ちょっとでも動いた子は、オニのところまで行き手をつなぐ。（しばらく2〜4をくり返す）

5．オニが「だるまさんが……」と言っている間に、オニのところへたどり着いた子は、オニにつながれた子の手を「切った」と言いながら、手で切り離し、子は全員逃げる。

6．オニが「ストップ」と言ったら子はその場で静止。子は「大股3歩」「小股6歩」などと指定し、オニは指定された歩幅・歩数で、逃げた子に近づく。

7．オニが指定された歩幅・歩数で止まり、近くにいた子に触れたら、その子とオニを交代する。

＊オニにたどり着くまでの間にいくつかロープなどで円をつくり「安全地帯」を設けると、年齢の低い子もよりたのしめる。

みんなとあそべない子

「あのね、おしょうさんがね」

動き　揺れる
人数　3人（大人2人と子ども）
運動強度　★（静かに揺れる）

あかちゃんからあそべる

♪あのね　おしょうさんがね
くらい　ほんどうでね
なむちん
かむちん
あらおかしいわね
いちちとらんらん
らっきょくって　しっし
しんぐうがえって
きゃっきゃ
キャベツでほい

あそび方
シーツなどの大きな布の両端を大人ふたりが持ち、布の中に、子どもがひとり入る。子どもを布で包んだまま、大人は布を左右にゆっくり揺らしながら歌をうたう。

コントロールは揺れても育つ

ある雨の日に、保育園で出会ったゆうくん（仮名・2歳）は、ホールでも保育室でも、なかなかみんな

と一緒にあそべません。みんなが積み木であそんでいるところにやって来ては、積み木を壊したり、ホールでは木製の車に乗って「暴走」したりするので、あちこちでほかの子どもたちにぶつかってしまいます。保育者も「どうしたらいいのだろう？　ゆうくん自身はたのしそうにしているのに……」と頭を悩ませています。ゆうくんを見て、わたしは平衡感覚の刺激を強く求めていると感じました。

　ゆうくんのように、平衡感覚が未成熟で、からだとこころのコントロールがうまくいかない子どもには、「あのね、おしょうさんがね」がおすすめです。もともとは「まりつきあそび」なのですが、ここでは子どもを大きな布で包んで、歌に合わせてゆっくりとゆすってあそびます。大きな布に包まれて安心しますし、揺れることで平衡感覚が育ちます。

コミュニケーションが苦手な子

「あめこんこん」

動き	渡す・もらう
人数	2人（大人と子ども）
運動強度	★（座ってあそぶ）

♪あめこんこん(●)
ゆきこんこん(●)
おらえのまえさ(●)
たんとふれ(●)
ちっとふれ(●)
あめこんこん(●)
ゆきこんこん(●)

あそび方

ふたりで向き合って座る。ひとつのお手玉を使って、うたいながら(●)のところでお互いに受け渡しをする。

コミュニケーションの土台が育つ

息子たちとキャッチボールをす

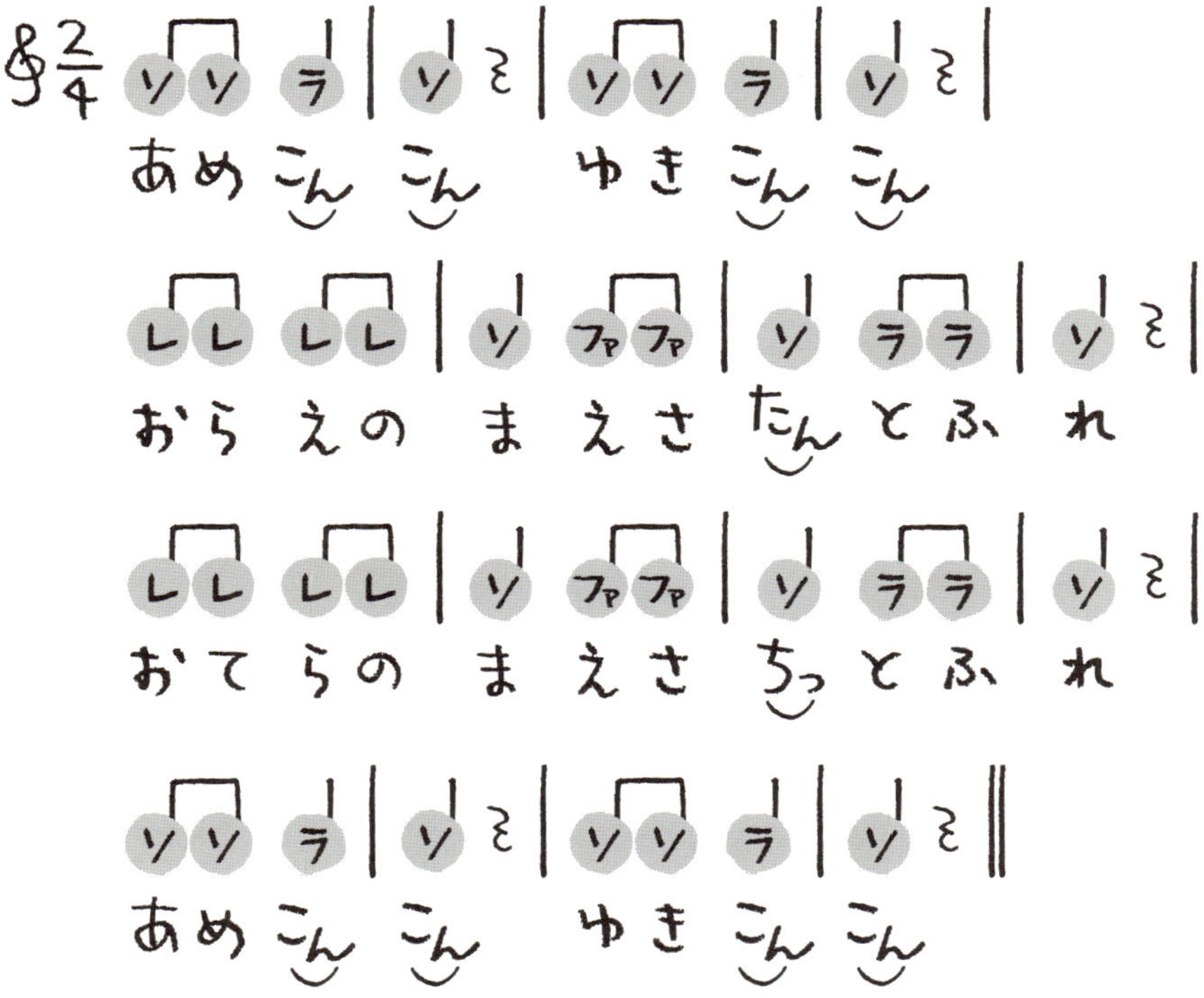

るたびに、まるで会話のようだと感じます。速い球は「こんな球を投げられるんだよ、取れる?」と言っているようですし、変化球はいたずらな気持ちが込められているよう。的外れなボールも大人が受け止めてあげると子どもは安心して投げられますよね。ボールをもらうことは、じつは人間関係において相手を受け止めることと大いに関係しています。そして、これは「気になる子」の多くが不得意とするところでもあります。

　そんなコミュニケーションが苦手な子には「あめこんこん」がおすすめです。手渡されるお手玉をよく見て、両手でしっかりと受け止めることを意識します。そうすることでコミュニケーションの土台が育っていくことでしょう。

コミュニケーションが苦手な子

「ほたるこい」

動き　渡す・もらう
人数　2人（大人と子ども）
運動強度　★（座ってあそべる）

♪
◎ほたる
●こい
◎やまみち
●こい
◎あんどの
●ひかりを
◎ちょいとみて
●こい

あそび方

1．ふたりでうたいながら、お手玉を持っているほうは、◯印の歌詞で、お手玉を両手で胸のところに上げ……

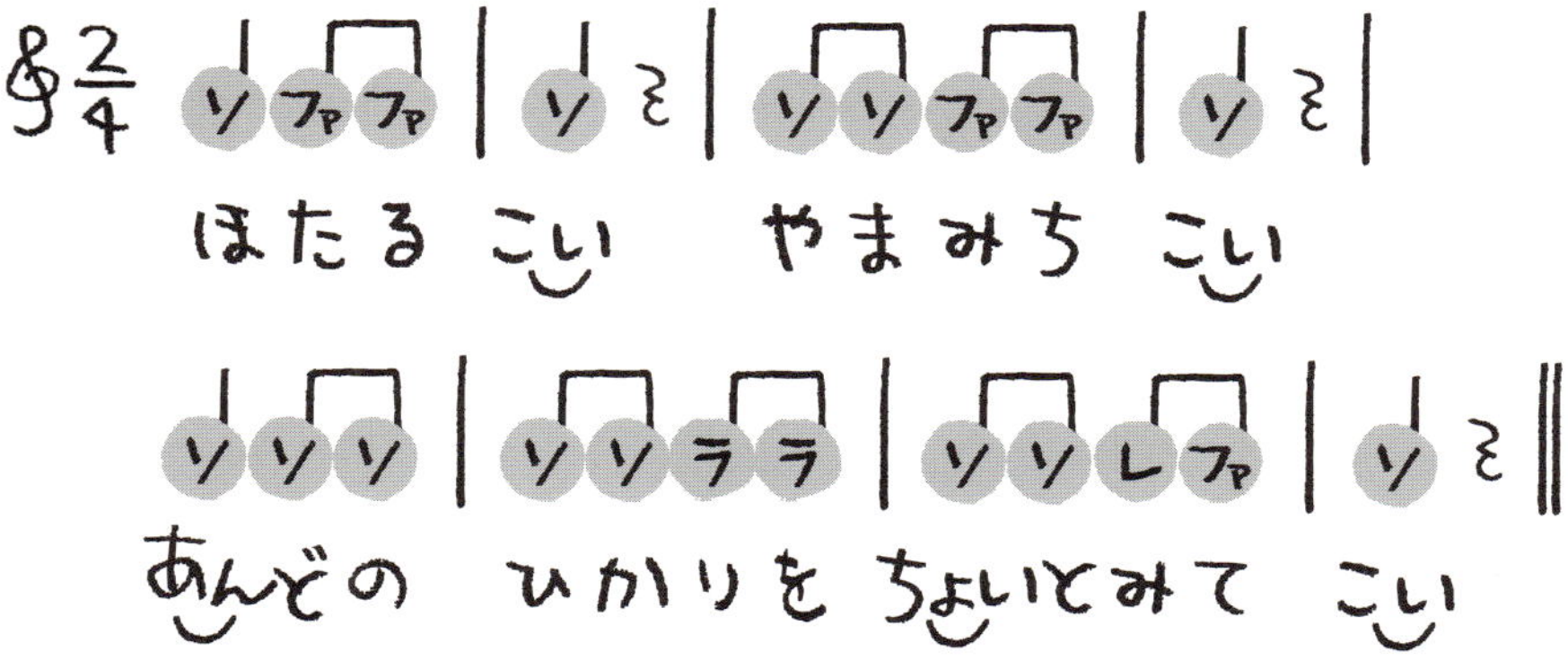
2/4
ソファファ
ソ
ソソファファ
ソ
ほたる こい やまみち こい
ソソソ
ソソララ
ソソレファ
ソ
あんどの ひかりを ちょいとみて こい

2. ●印の歌詞で、相手にお手玉を手渡す（受け取る）。この受け渡しの動作をくり返す。

*子どもがちいさいうちは、お手玉は1個で。くり返すうちにじょうずになってきたら、お手玉を2個にして渡し合ったり、距離をちょっと離して、そっと投げ合ってみてもたのしい。

自分を受け止めてくれる安心感に

園を訪問すると、友だちとうまくあそべず、ひとりでぽつんとしている子どもを見かけることがあります。

そんな子に対して、まず大切なのは、大人との二者関係を深めていくことです。信頼できる大人とふたりであそびを深めていくことで「ひとと関わるのってたのしい！」という気持ちが子どもに育まれます。

そこで「ほたるこい」です。コミュニケーションの苦手な子どもは、お手玉を相手に手渡せず、「ぽーい」とあらぬ方向に投げてしまったり、思いっきり相手にぶつけたりすることもあります。そんなときも大人はお手玉をしっかりと受け止め、子どもにそっと手渡してあげます。自分の渡したどんなお手玉も拾ってくれること、そしてそっと返してくれるということは、自分のことをしっかりと受け止めてくれたと感じることにつながります。

ひとに合わせられない子

「てんやのおもち」

動き	渡す・もらう
人数	2人（大人と子ども）
運動強度	★（座ってあそべる）

♪てんやのおもち
やらかいおもち
あんこちょっとふんで
しかられた

あそび方

ひとつのお手玉を使い、○では子どもが自分の手に受け取り、●では相手に渡す。「あんこちょっと」のところは、○が2回続き、お手玉を受け取ったままになるので気をつけて！

＊慣れてきたら、役を交代したり、ふたつのお手玉やみかんなどを使っても。
＊数人で輪になってあそんでも、たのしい。

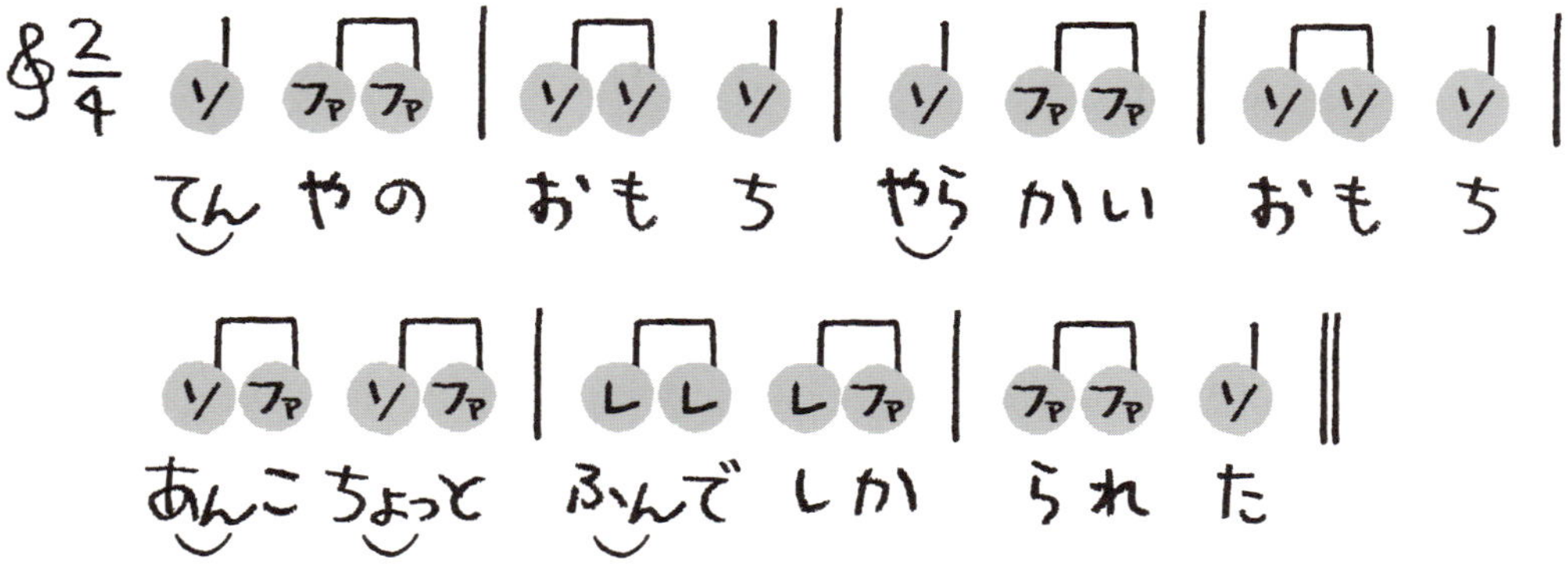

お手玉の受け渡しは コミュニケーション

幼稚園・保育園など多くの子どもたちが集まる場では、協調性が求められる場面が多いと思います。相手が何を求めているかを推察しながら協力することは大切な課題です。

一方、これらがとくに苦手な子もいます。ゆうひくん（仮名・7歳）は「自閉症スペクトラム障害（ASD）」の診断を受けていて、みんなと一緒に行動することが苦手です。

そんなゆうひくんとよく一緒にやったのが、「てんやのおもち」。このわらべうたは、歌に合わせ、リズムよくお手玉を渡します。「ひとから受け取ったものを、再び相手に返す」という行為は、コミュニケーションそのものとも言えます。相手のどこにどのように渡すのかをよく見ることで、少しずつほかのひとに合わせることができるようになるでしょう。

交代ができない子

「じごく ごくらく」

動き
交代する

人数
3人以上（大人2人と子ども）

運動強度
★★（立ってあそぶ）

♪じごくごくらく
えんまさんのまえで
おきょうをよんで
はりのやまへ
とんでいけー

あそび方

大人は子どもを後ろから抱きしめ、うたいながらからだを揺らす。最後の「とんでいけー」で、子どもを別の大人に渡す。

大人数バージョン

メインの子どもを決めたら、ほかのひとでふたり組を複数つくる。メインの子どもが、ひとつの組の真ん中に入る。

うたいながら、真ん中の子をふたり組で抱えて揺らし、「とんでいけー」で遠くへ飛ばすようにしながら、別のふたり組に渡す。以降くり返し。

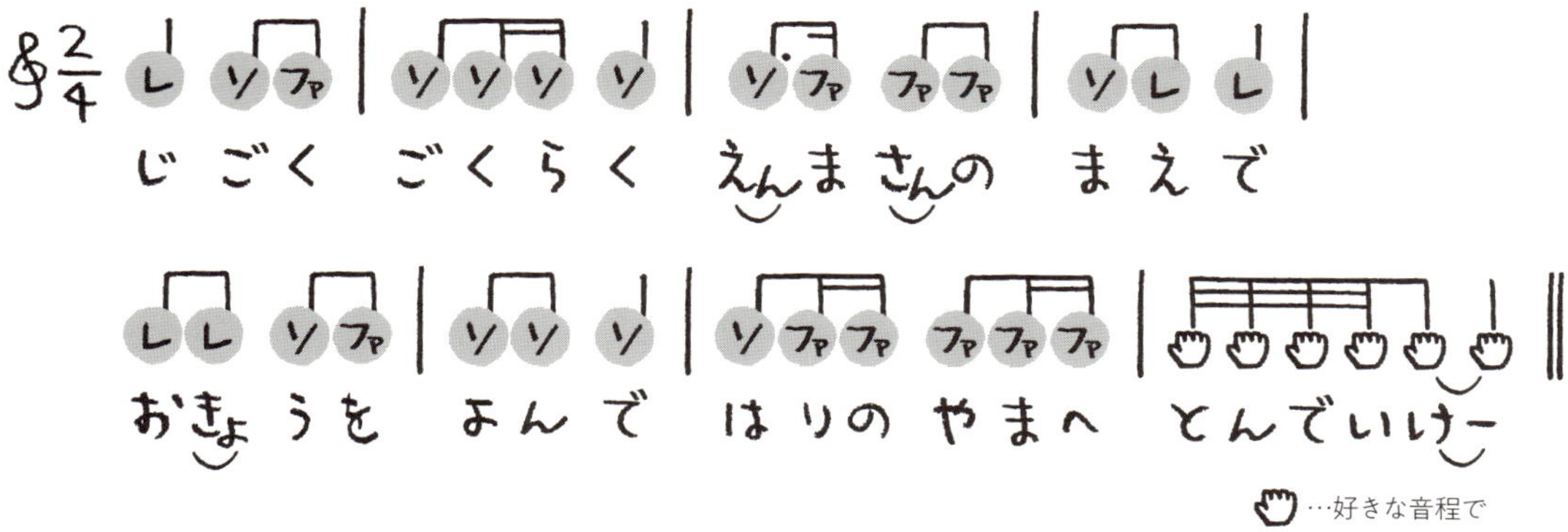
2/4
レ ソファ ソソソソ ソ ソファ ファファ ソレ レ
じごく ごくらく えんまさんの まえで
レレ ソファ ソソ ソ ソファファ ファファファ
おきょうを よんで はりの やまへ とんでいけー
…好きな音程で

「渡される」ことで交代を体感する

子どもは3歳を過ぎると、それまでよりも世界が広がり、あそび方に変化が出てきます。公園に出かけても、少しの時間ならおかあさん、おとうさんから離れることができるようになってきます。親から離れた世界には新たなルールがあることに気づき、子どもは友だち同士の摩擦を経て、多くのことを学んでいきます。

子ども同士であそぶときに大切なスキルは「待つ・貸す・交代」です。これらは自我の芽生えの時期である3歳頃からの大きな課題と言えるでしょう。

今回の「じごくごくらく」は、とくに「交代」に焦点を当てたわらべうたです。「交代する」とは「新たな環境を受け入れる」こと。こうしたスキルは、おしえ込むのではなく、わらべうたなどでたのしくあそびながら身につけることが大切です。

協調性に欠ける子

「でんでらりゅうば」

動き	指先の多様な動き
人数	1人
運動強度	★（座ってあそべる）

♪でんでらりゅうば
でてくるばってん
でんでられんけん
でてこんけん
こんこられんけん
こられられんけん
コーンコン

あそび方

うたに合わせて、1～4の動きをくり返します。最後に5の「コーンコン」と「グー」で2回てのひらを打っておしまい。

1.「グー」で、てのひらを1回打つ。

♪でん

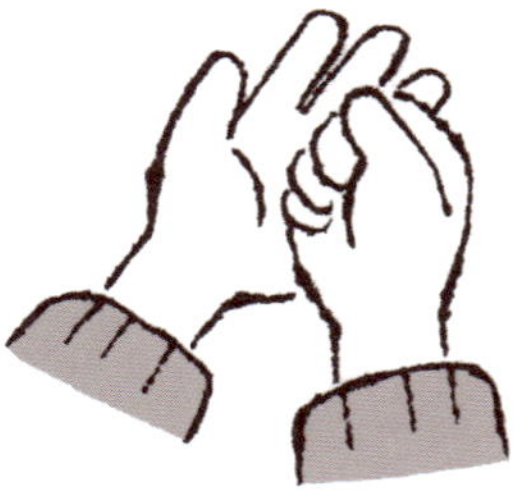

2.「親指」で、てのひらを1回打つ。

♪でら

3.「寿司を握る」ように、チョキでてのひらを1回打つ。

♪りゅう

4.「きつね」のかたちで、ひとさし指と小指でてのひらを1回打つ。

♪ば

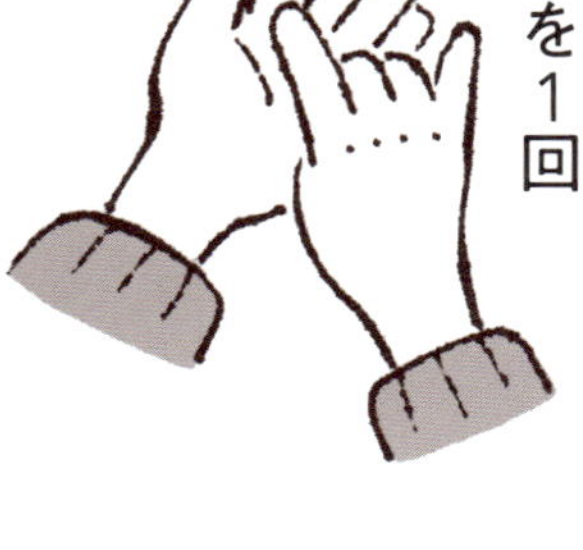

5.最後に「グー」で、てのひらを2回打つ。

♪コーンコン

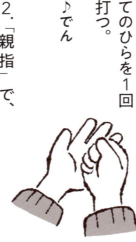

自由なからだは指先から生まれる

保育園や幼稚園を訪問すると、「自由なからだ」を失ってしまった子どもたちによく出会います。姿勢が悪い、不器用、乱暴な行動がある、ふらふらと立ち歩く、高いところに登る……。テレビやゲームが大好きで、そこから知的な刺激を強く受け、手足をはじめとするからだ全体を使ったあそびをせずに育った子どもたちです。

先日、出会ったコウスケくん（仮名・5歳）。先生がギターを弾いて、みんなでうたっている最中や、製作の時間、給食の配膳の時間もボーッと座ったままです。先生がいくら「一緒にやろうよ」「絵はこう描くんだよ」とていねいにおしえても、机に突っ伏したまま、机を舐めたりしています。

彼はちいさな頃から、からだを思いっきり動かしてあそんだ経験が非常に少ないのでしょう。運動感覚が未成熟であり、「自由なからだ」が失われてしまっているのです。

そんな子どもには、手をたくさん動かす「でんでらりゅうば」を紹介します。大きくからだを動かすあそびに加えて、年長くらいから手先を動かすあそびもとり入れてみましょう。

関わりのむずかしい子

「にらめっこ」

動き　表情をつくる
人数　2人以上
運動強度　★（座ってあそべる）

あかちゃんからあそべる

♪だるまさん
だるまさん
にらめっこしましょ
わらうとまけよ
あっぷっぷ

あそび方
大人と子どもで向き合って、お互いに「ヘンな顔」をし合う。先に笑ったほうが負け！

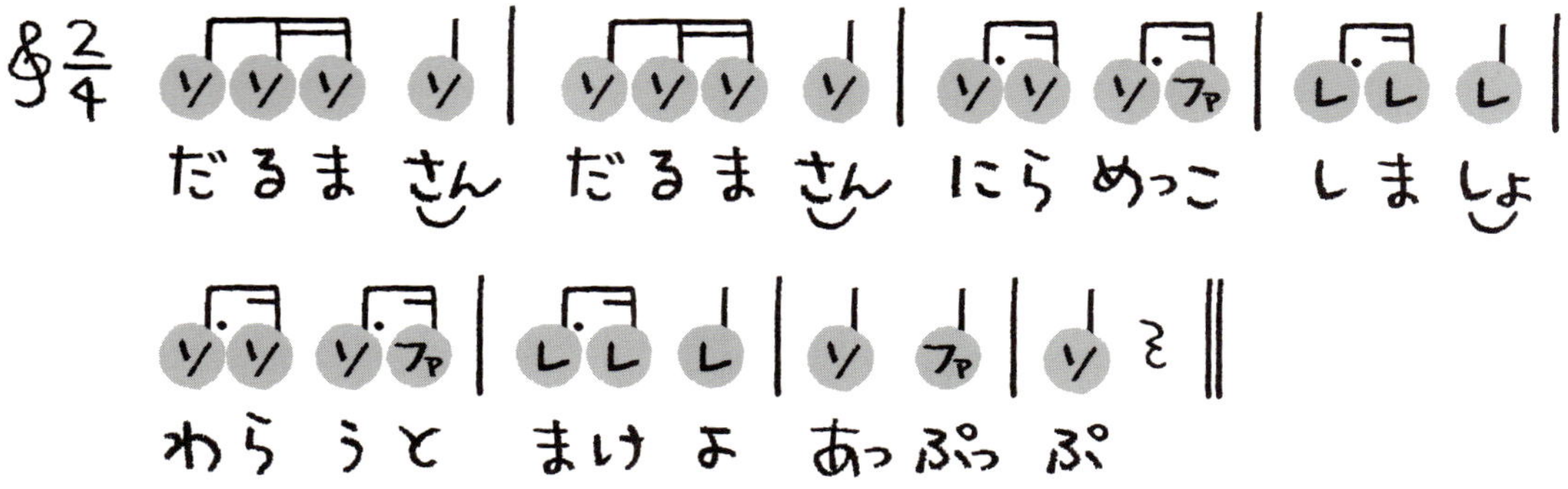
だるまさん だるまさん にらめっこ しましょ
わらうと まけよ あっぷっぷ

笑えば仲よし！

友だちと関わることのむずかしさをもつ子どもにときどき出会います。こうした子は「うれしい」「悲しい」などの感情をことばや行動、表情に出すことがあまりないので、何を思っているのか周囲にわかりづらいことが特徴です。

　そこで「にらめっこ」。「あっぷっぷ」と言いながら、つい笑ってしまうような「ヘンな顔」をし合ってみてください。

　親子であれば親が、保育現場であれば保育士が率先して「ヘンな顔」をするのです。いつもはまじめな大人たちがおもしろい顔をするので、子どもにとっては大人がとても近い存在になり、信頼関係が深まることでしょう。

　なかにはうまく顔の筋肉を動かせない子もいます。その場合は、目や口を大きく開いて「大きな顔」や、目を閉じ口をすぼめて「ちいさな顔」、顔全体を右に左に動かしてみたりと、「顔の体操」をたのしむのもいいでしょう。

不安の強い子

「おなべふ」

動き	触れられる
人数	2人（大人と子ども）
運動強度	★（座ってあそべる）

♪お・な・べ・ふ

あそび方

1.「おなべふ」に合うことばを決めておく。

(例)

「お」=おりこう
　　怒りんぼ

「な」=仲よし
　　泣き虫
　　なまけもの

「べ」=べっぴんさん
　　勉強がんばる

「ふ」=ふきげん
　　ふざけんぼ

2.「お・な・べ・ふ」と言いながら、子どもの腕を取り、手首からひじに向かって、大人の両手の親指を交互に当てていく。

＊決まったメロディはありません。
動作に合わせて自由にどうぞ。

3. 親指が子どものひじの関節のところに来たときのことばで、子どもに占いの結果を伝えてたのしむ。
「お」だったら、きょうの運勢は「おりこう」。
「な」だったら「仲よし」……など。

触れ合うことで不安を溶かす

ある保育園で出会ったりょうくん（仮名・5歳）は、印象深い子でした。初対面のわたしと目が合うと、さっと目をそらします。からだはかたく、肩から首にかけて力が入っているのがわかります。あとで保育士に聞くと、保育にも参加しにくいことがあり、はじめてのことや知らないことにはとても慎重で、ときに活動を拒否することもあるとのこと。りょうくんは緊張と不安の強い子のようでした。

不安の強い子と関わるときには、触れ合いながら子どもとの信頼関係を築くことが大事です。そこで「おなべふ」です。これは触れ合いあそびであり、占いあそびでもあります。

子どもは一般的に「きょうの運勢」に一喜一憂しますが、ここで大切なことは触れ合うこと。肌と肌が触れ合うことで、両者の信頼関係はぐっと密になります。たのしいときは笑顔が出て、くやしいときはくやしい顔をする。触れ合いながら、大人とそんな率直な関係が育まれることが大切なのです。

不安の強い子

「おやゆびねむれ」

動き　触れられる

人数　2人（大人と子ども）

運動強度　★（座ってあそべる）

あかちゃんからあそべる

♪おやゆびねむれ
さしゆびも
なかゆび
べにゆび
こゆびみな
ねんね　しぃな
ねんね　しぃな
ねんね　しな

あそび方

1．大人は子どもをひざに座らせ、子どもの片方の手を取る。子どものてのひらが開いた状態で、子どもの親指を軽く折る。

2．ひと差し指↓中指↓薬指↓小指の順に折っていく。

♪ねんね　しぃーな
ねんね　しぃーな

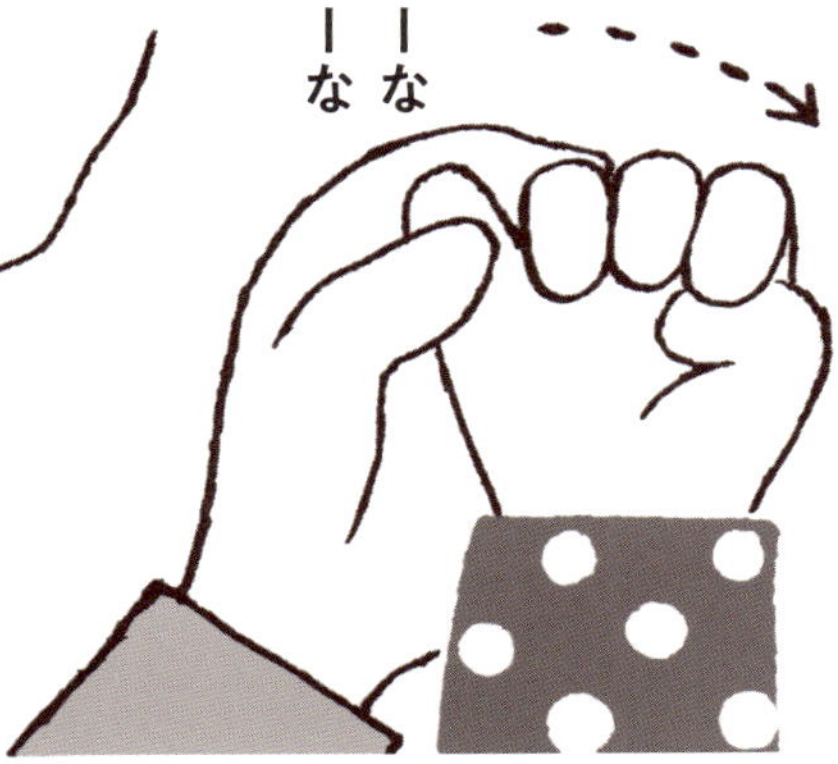

3．小指→薬指→中指→ひと差し指の順に、てのひらを開いていく。

♪ねんね

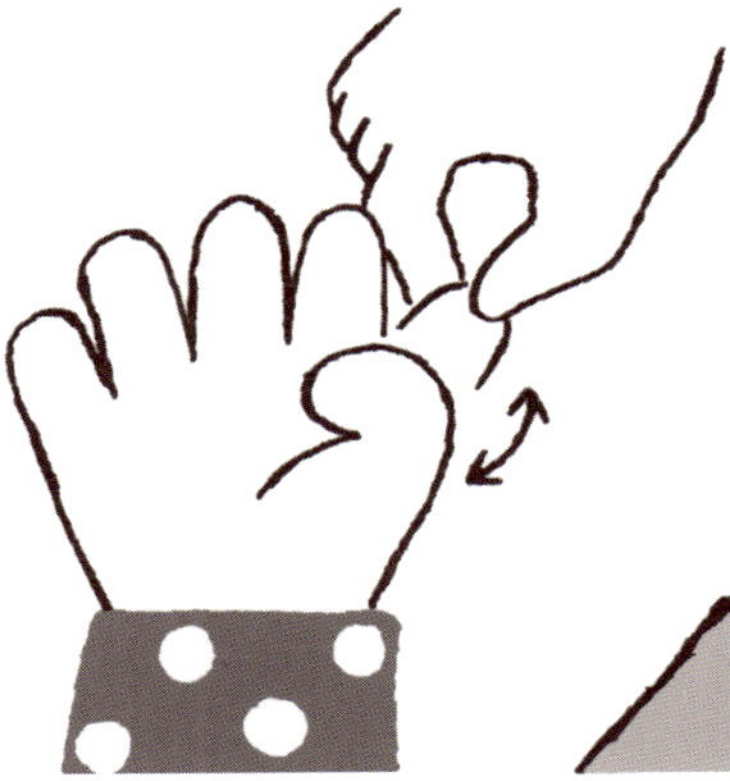

4．親指をいったん開いて、また折る。

♪しなー

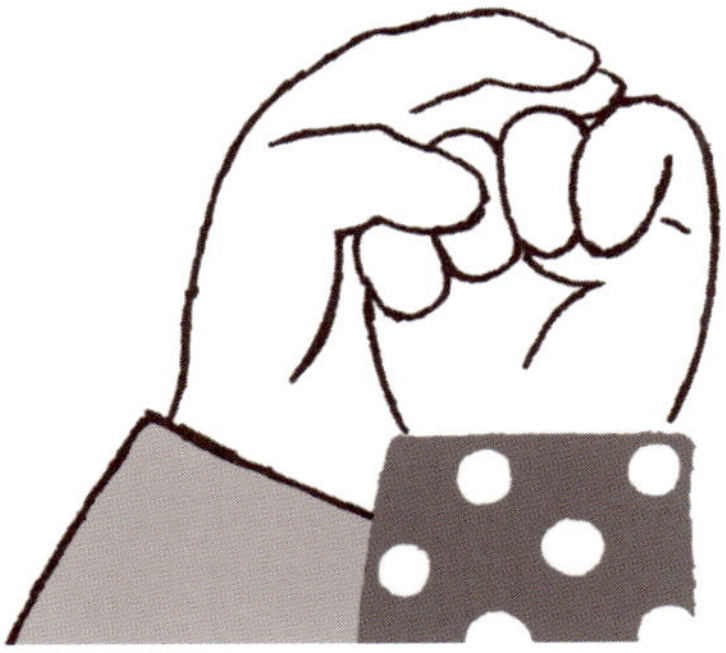

5．ほかの4本の指を一緒に折る。

うたいながらの触れ合いで安心を

わたしのちいさな努力は、仕事が忙しくてもなるべく子どもたちが寝る前に帰宅し、子どもたちを寝かしつけることです。寝かせるときには、電気を消して真っ暗な中で、子どもたちの足をもんであげるようにしています。その時間、子どもたちは自分からいろいろなことを話しはじめます。「きょう公園であそんでてね、転んで痛かったんだ」とか、「友だちが花をくれたんだよ」とか。ふだんは「きょう何があったの？」と聞いても「忘れた～」なんて、何も話そうとしないのに。

わたしはこれを「足もみさくせん」と呼んでいて、子どもとのコミュニケーションに悩み、相談に来られた方におすすめしています。

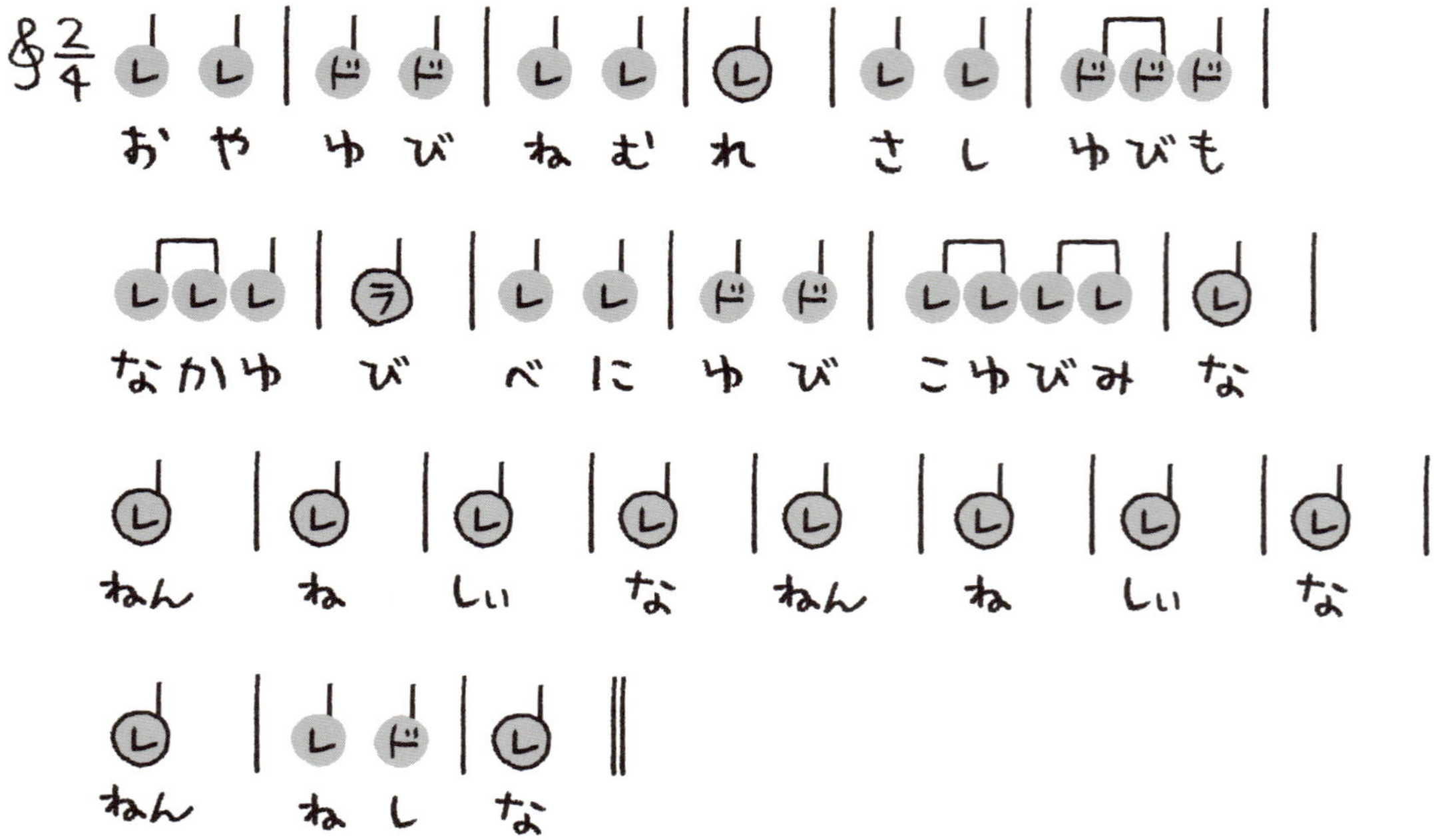

子どもはなぜこのような反応をするのでしょうか。それは、足に触れてもらうことで安心感を抱き、こころを開くのだと思います。

幼児期までのちいさな子どもは足をもんであげても、くすぐったいと思うようですから、ちいさな子に対しては、眠る前に歌をうたってあげることをおすすめします。安心感を別のかたちで子どもたちに与えるのです。

そこでおすすめの「子守唄」が「おやゆびねむれ」です。夜、不安の強い子の手を取って静かにうたってみてください。次第に安心感に満たされ、力が抜けてくるでしょう。心地よい歌をうたいつつ、背中をトントンとしてあげられるような「子守唄」が、日本にはたくさんあります。足もみと合わせておすすめします。

不安の強い子

「いっぽんばし こちょこちょ」

動き	触れる・くすぐられる
人数	2人
運動強度	★（座ってあそべる）

♪いっぽんばし
こちょこちょ
たたいて
つねって
かいだんのぼって
こちょこちょこちょ

くすぐられると安心する

わたしは職業柄、保育園によく行きます。はじめての園に行くとかならず何人かの子が遠巻きにわたしを見て「おじさんだ、ワハハ」とか「誰このひと」なんて言います。これはまだいいほうで、「キモイ」などと言われることもあり、少なからず傷ついてしまうことも。でも、これって、見知らぬひとに出会ったときの不安を表す反応としては、ごく自然なことなんですよね。

こうした不安が強い子たちには、よく「いっぽんばしこちょこちょ」をしてあげます。「こちょこちょ」と、くすぐってあげると、ほとんどの子は「もう1回！」。遠巻きに見ていた子も集まってきて行列ができることも。このあそびを通して触れ合うことで「安心・信頼」を築くことができるのでしょう。

あそび方

1．子どものてのひらにひとさし指で触れる。

♪いっぽんばし

2．くすぐる。

♪こーちょこちょ

3．子どものてのひらを軽くパチンとたたく。

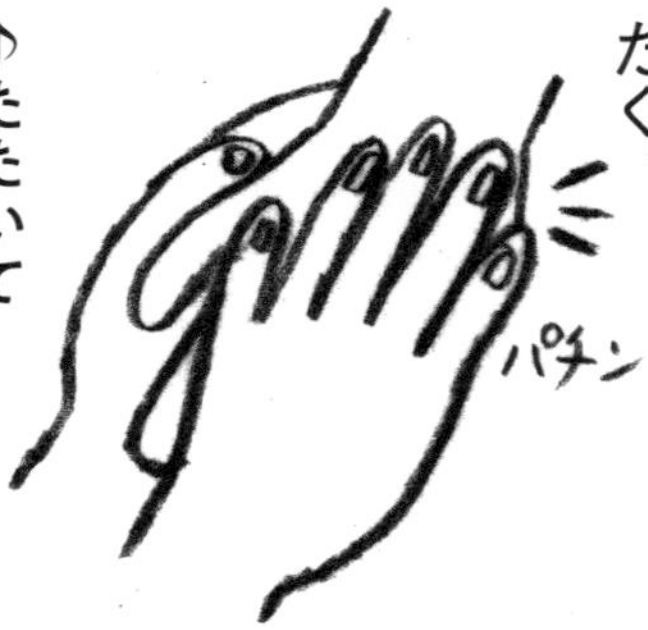

♪たたいて

4．子どものてのひらを軽くつねる。

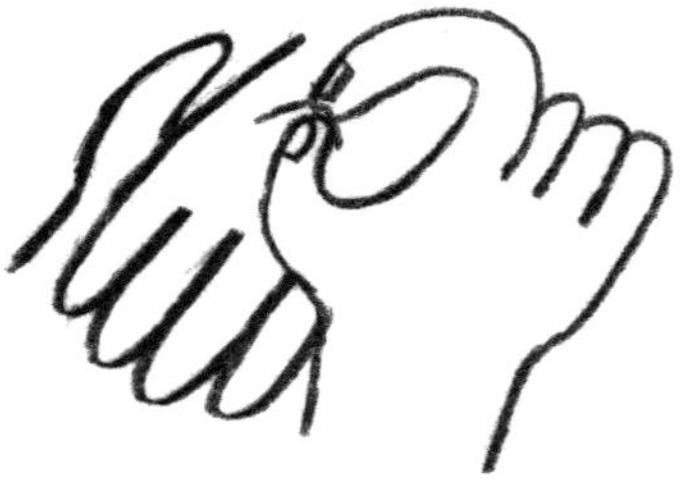

♪つーねって

5．子どものてのひらから腕へとひと差し指と中指で伝っていく。

♪かいだんのぼって

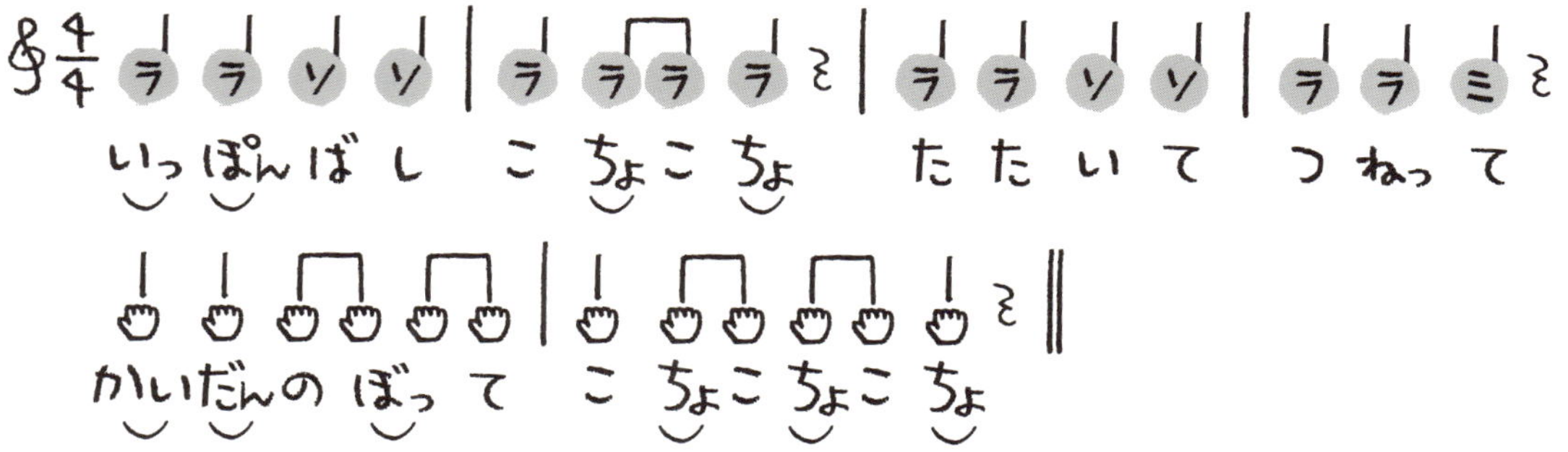

…好きな音程で

6. 子どものわきの下や脇腹をくすぐる。

♪こちょこちょこちょ

不安の強い子

「東京都日本橋」

動き	触れる・くすぐられる
人数	2人
運動強度	★（座ってあそべる）

♪東京都
日本橋
がりがり山の
パン屋さんと
つねこさんが
階段のぼって
（こちょこちょこちょこちょ）

あそび方

1．子どものてのひらに指1本で触れる。

♪とうきょうと

2．子どものてのひらに指2本で触れる。

♪にほんばし

3．子どものてのひらをがりがりとひっかくようにする。

♪がりがりやまの

4．子どものてのひらを軽くパンとたたく。

♪パンやさんと

不安の強い子（エッセイは次ページ）

＊決まったメロディはありません。動作に合わせて自由にどうぞ。

5. 子どものてのひらを軽くつねる。

♪つねこさんが

6. 子どもの腕全体を階段に見立てて、指先から肩のほうへ向かって、大人は指2本で歩くようにのぼっていく。

♪かいだんのぼって

7. 子どものわきの下やわき腹をくすぐる。

（こちょこちょこちょ）

くすぐると距離が縮まる

わたしが保育カウンセラーとして関わっている保育園のまことくん（仮名・5歳）は、園のなかでももの静かで思慮深い子。何ごともはじめてのことには慎重で、とくに知らないひとがやって来ると、緊張するのかまったく話さなくなってしまいます。

まことくんのように不安の強い子には、「東京都日本橋」が効果的です。最初はてのひらに触れつつ、最後にこちょこちょと脇腹などをくすぐることで、子どもとの信頼関係が深まり、距離がぐっと縮まります。

ひとはちいさい頃から「いい子だね」と頭をなでてもらったり、転んだら「いたいのいたいの、とんでけ〜！」と痛いところに触れてもらったりしながら育つものです。「触れてもらう」ことで「自分は守られている」と感じるのです。やさしく触れられること。笑顔になれること。不安が強い子どもへのアプローチとして大切なことです。

（あそび方は次ページ）

触れられるのがイヤな子

「とんとんどなた」

動き　触れられる・くすぐられる
人数　2人
運動強度　★（座ってあそべる）

♪とんとん どなた
こうやのねずみ
おやまあ おはいり
こちょ こちょ こちょ こちょ

＊決まったメロディはありません。
動作に合わせて自由にどうぞ。

くすぐるまねでも〇K!

親子間の心理的なきずなは、触れ合うことで形成されるということがわかっています。

一方で、触覚が敏感な子はこうした触れ合いが苦手です。なでられたり抱きしめられたりすると、からだをかたくこわばらせて逃げ出してしまうこともあります。さらに帽子をかぶれない、手袋をはめられない、シートベルトがイヤなど、さまざまな生活上の困難が生じることもあります。

そんな子どもたちに、「とんとんどなた」を。頭、鼻、肩、わきの下などをやさしく触り、くすぐるなどしてあそびます。このわらべうたの場合は、鼻とわきはとくにくすぐったがる子が多いので、そんなときは、頬を触る、くすぐるまねをする、などに替えてもいいでしょう。たのしい気持ちで、ゆったりとできればいいですね。

1．頭に軽くトントンと触れる。

♪とんとんどなた

2．鼻に軽く触れる。

♪こうやのねずみ

3. 肩に軽く触れる。

♪おやまあおはいり

4. わきの下をくすぐる。

♪こちょこちょこちょこちょ

まねるのが苦手な子

「だんごをたべた」

動き	人数	運動強度
まねる	2人以上（大人1人と子ども）	★（座ってあそべる）

♪だんごをたべた
いくつたべた
トントントン（大人が手拍子）
ハイ
トントントン（子どもが手拍子）

あそび方

大人はうたいながら、「トントントン」のところで手拍子をします。リズムは「トトトントン」などアレンジしてOK。子どもは「ハイ」の後に大人をまねて同じリズムで手拍子をします。

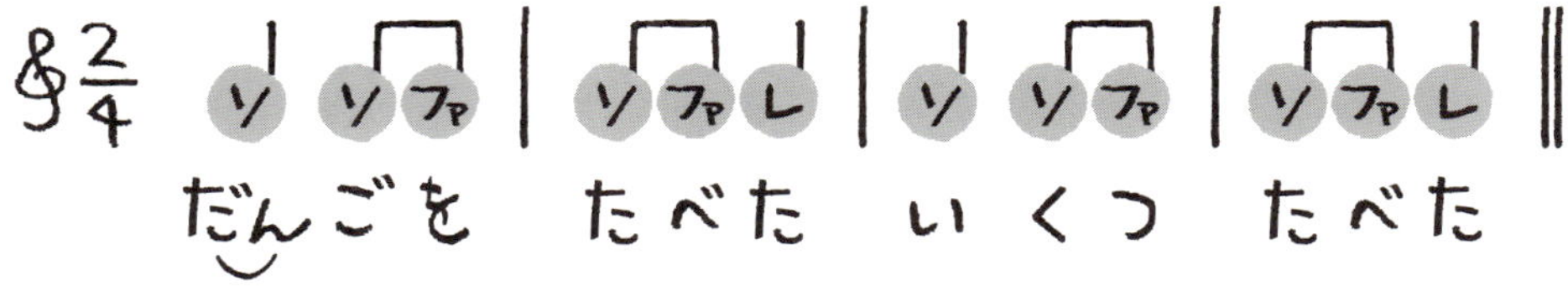
ソ ソ ファ
ソ ファ レ
ソ ソ ファ
ソ ファ レ
だんごを たべた いくつ たべた

トントントン

まねを重ねて生活もスムーズに

園生活では、保育士からの「ことばを使った指示」がたくさんあります。「はさみをしまって、手を洗ってから、おやつの準備にしましょう」なんて言われることは日常的。けれども「見る、聞く、まねる」が苦手な子は、作業に夢中になってしまい、保育士のことばを聞き逃すなどして、これから何をすればいいのかわからないことが多々あります。学びを積み重ねていくうえで大切なことは「見る、聞く、まねる」です。

　そこで「だんごをたべた」です。大人はたのしくうたいながら「トントトトン」とか「トトトントン」などとリズムを少し変えて手をたたきます。このようにあそびのなかでたのしく「見る、聞く、まねる」経験を積み重ねることで園生活もよりスムーズになるでしょう。

まねるのが苦手な子

「たんぽぽ　たんぽぽ」

動き	まねる
人数	2人以上（大人1人と子ども）
運動強度	★（座ってあそべる）

♪たんぽぽ
たんぽぽ
たんたんたんたんぽぽ
たんぽぽ
たんぽぽ
たんたんたんたん

「たん」→拍手する。

「ぽぽ」→自分のほっぺたに触れる。相手のほっぺたに触れてもたのしい。

あそび方

大人と子どもで向き合い、歌に合わせて、イラストのような動作をします。

まねるのが苦手な子

＊決まったメロディはありません。動作に合わせて自由にどうぞ。

わかりやすく まねをたのしむ

ハルくん（仮名・4歳）は、「自閉症スペクトラム障害（ASD）」という診断を受けています。入園当初は、食事のときもお昼寝のときも、廊下を走って職員室へ行ってしまったり……。いろいろと工夫することで、2ヶ月もすると、そうした行動はなくなっていきましたが、ほかの子どもたちは、なぜハルくんのような大きな混乱なく園生活になじんでいくことができるのでしょうか。それは「幼児期の模倣の本性」が大きく影響していると言えるでしょう。

発達障がいのある子どものなかには、そうした「模倣の力」が弱い子もいます。

「たんぽぽたんぽぽ」は、「誰を見て何をすればよいか」がわかりやすいあそびです。また、ほっぺたにちょっと触れてあげれば、子どもの意識がより「模倣する」ことに向かいやすくなります。

まねるのが苦手な子

「たけのこ めだした」

動き	まねる
人数	2人以上（大人と子ども）
運動強度	★（座ってあそべる）

♪たけのこ
めだした
はなさきゃ
ひらいた
はさみで
ちょんぎるぞ
えっさ
えっさ
えっさっさ

あそび方

1．ふたりで向き合う。たけのこに見立てて、胸の前で両手を合わせ、手の平を少しふくらませる。

♪たけのこ
めーだした

2．花が咲くイメージで、胸の前で合わせた手を開く。

♪はなさきゃ
ひーらいた

3．両手を「チョキ」のかたちにして開いたり閉じたりする。

♪はさみで
ちょんぎるぞ

4．両腕を振って、上半身だけ走るまねをする。

♪えっさ
えっさ
えっさっ……

5．じゃんけんをする。

♪さ

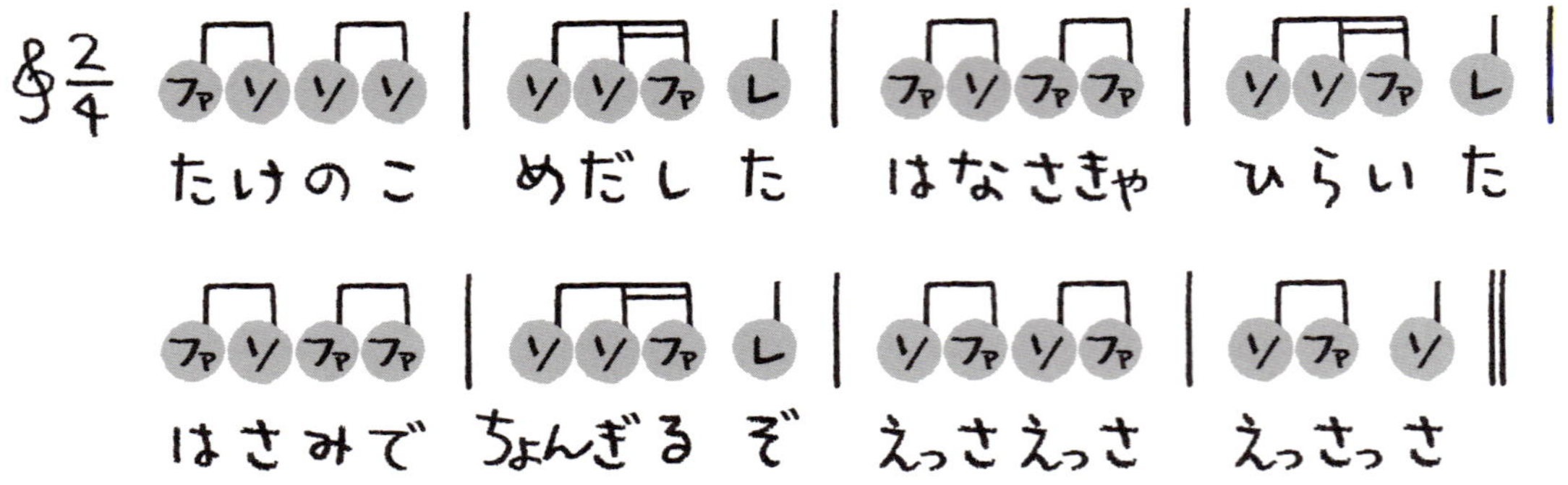

まねるたのしさを何度も味わう

幼児期の「模倣の本性」に大人はしばしばドキッとさせられます。

子どもは周囲に存在する環境を模倣しますが、目に見える行動だけではなく、内面までも含めて模倣するのです。子どもは模倣をすることで、全身で実感し、さまざまなことができるようになります。

一方で、模倣する力の弱い子どももいます。それはおそらく、視覚や聴覚、触覚など感覚認知に偏りがあって外界をうまくキャッチできないためだと思われます。

「たけのこ めだした」は、模倣しながらたのしむわらべうたです。最後のじゃんけんは、子どもにとって「たのしい」と感じられる要素ですね。そう、どんなあそびも「たのしいな」「うれしいな」という気持ちが共感性を育み、模倣性へとつながっていくのです。

緊張の強い子

「正月三日のもちつき」

動き	人数	運動強度
多様な動き	2人（大人と子ども）	★（座ってあそべる）

＊決まったメロディはありません。動作に合わせて自由にどうぞ。

♪正月三日のもちつきは
ぺったんこ
ぺったんこ
ぺったんぺったん
ぺったんこ
おっこねて
おっこねて
おっこねおっこね
おっこねて
とっついて
とっついて
とっついとっつい
とっついて

シャーンシャーン
シャンシャンシャン
シャンシャンシャンシャンシャン
シャンシャンシャンシャン

あそび方

※大人と子どもで役割を逆にしても可。

1．ふたりで向き合い、○で上下に手拍子をする。

♪しょうがつ みっかの
もちつきは

2．大人は○で手拍子を続ける。子どもは大人の手に挟まれないよう、○で手拍子、●で大人のてのひらにタッチする。

♪ぺったんこ
ぺったんこ
ぺったんぺったん
ぺったんこ

3．大人は○で手拍子を続ける。子どもは○で手拍子、●で大人のてのひらの上でもちをこねるような動作を。

♪おっこねて
おっこねて
おっこねおっこね
おっこねて

4．大人は○で手拍子を続ける。子どもは○で手拍子、●で大人のてのひらの上をこぶしでたたく。

♪とっついて
とっついて
とっついとっつい
とっついて

5. 大人は◯で手拍子を続ける。子どもは大人の手に挟まれないよう、「シャン」と言うたびに手拍子を上下に移動する。

♪シャーンシャーン
シャンシャンシャン
シャンシャンシャンシャンシャン
シャンシャンシャン

笑顔とリズムを取り戻すあそびを

まことくん（仮名・6歳）という「気になる子」がいました。どこか不安そうで、こころもからだもカチカチに緊張しているよう。みんなとあそばずひとりでいることが多いですし、何より笑顔が見られません。おかあさんに声をかけると、1週間前からおじいちゃんが倒れて寝たきりになっていることがわかりました。おかあさんはまことくんを連れて毎日実家へ行き、介護と家事をしているので、帰宅は夜10時を過ぎるそうです。おかあさんにもまことくんにも大きなストレスがかかっていることは容易に想像できました。

わたしたちの日常生活はリズムで成り立っていると言っても過言ではありません。心臓の動きや呼吸、歩く、走る、スキップなどはもちろん、子どもにとって、もっとも大切な「食べる・寝る・あそぶ」もリズムが関係しています。まことくんの緊張が強いのは、この生活リズムのみだれが原因のよう。こうした子にはどのように関わればよいでしょうか？　キーワードは「笑顔」と「リズム」です。

今回のわらべうた「もちつき」は、笑顔を子どもから引き出し、呼吸をはじめとするリズムを整えるにはとてもよいあそびです。大人と子どもでペアになり、リズミカルにたのしくやってみましょう。うまくできなくても大丈夫。そんなときこそ笑顔が出ます。幼児は模倣する傾向が強いので、大人と違う動きをすることが難しいことがあるかもしれません。その場合は、大人も子どもも一緒に同じ動きをしてもたのしいですよ。

緊張の強い子

「めんめんすーすー」

動き　なでられる

人数　2人（大人と子ども）

運動強度　★（座ってあそべる）

あかちゃんからあそべる

♪めんめん
すーすー
けむしし
きくらげ
ちゅ

＊決まったメロディはありません。動作に合わせて自由にどうぞ。

あそび方

大人は、子どもを抱っこしてうたいながら、下の①〜⑤の順に、子どもの顔の一部をそっとなでる。

①めんめん（目じり）
②すーすー（鼻すじ）
③けむしし（まゆ毛）
④きくらげ（耳）
⑤ちゅ（くちびる）

存分に触れ合って安心感をもつ

保育園に入園したタスクくん（仮名・3歳）。毎日、登園時におかあさんから離れられず、しがみついて泣くことが2ヶ月ほど続いていました。おかあさんも自分の子育てに問題があるのかと自分を責めてしまうと言います。

タスクくんのように新しい環境になかなかなじめず緊張しやすい子にときどき出会います。緊張しやすい子は、新しい環境に適応しようとひと一倍がんばっていると理解できます。そんなときは触れ合いを大切にすることをおすすめします。触れ合うということは安心・信頼の感覚である触覚を刺激し育てるということです。

「めんめんすーすー」は顔の一部にそっとふれるあそびです。家庭でリラックスしているときに抱っこしながらしてみましょう。こうしたあそびを通して家庭での安心・信頼を積み重ねていくことがまずは大切です。

乱暴な行動をしてしまう子

「もちっこやいて」

動き　ひっくり返す
人数　2人（大人と子ども）
運動強度　★（座ってあそべる）

♪もちっこやいて
とっくらきゃーして
やいて
しょうゆをつけて
たべたら
うまかろう

あそび方
1．子どもは両手を合わせる。大人は、子どもの手を両手で上下からはさむ。

乱暴な言動をしてしまう子（楽譜＆エッセイは次ページ）

2. はさみあった手をひっくり返す。

♪とっくらきゃーして
やいて

3. 子どもの手をなでる。

♪しょうゆをつけて

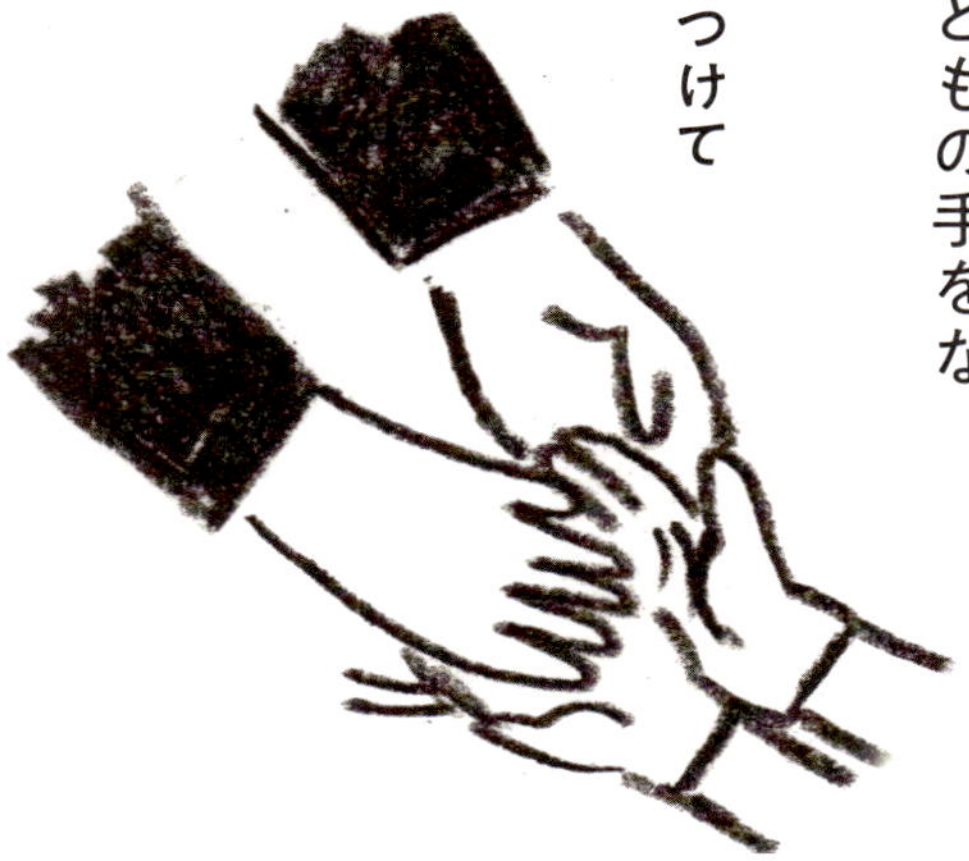

4. 子どもの手を食べるようなそぶりをし、そのまま子どもの手をほおに持っていく。

♪たべたら
うまかろう

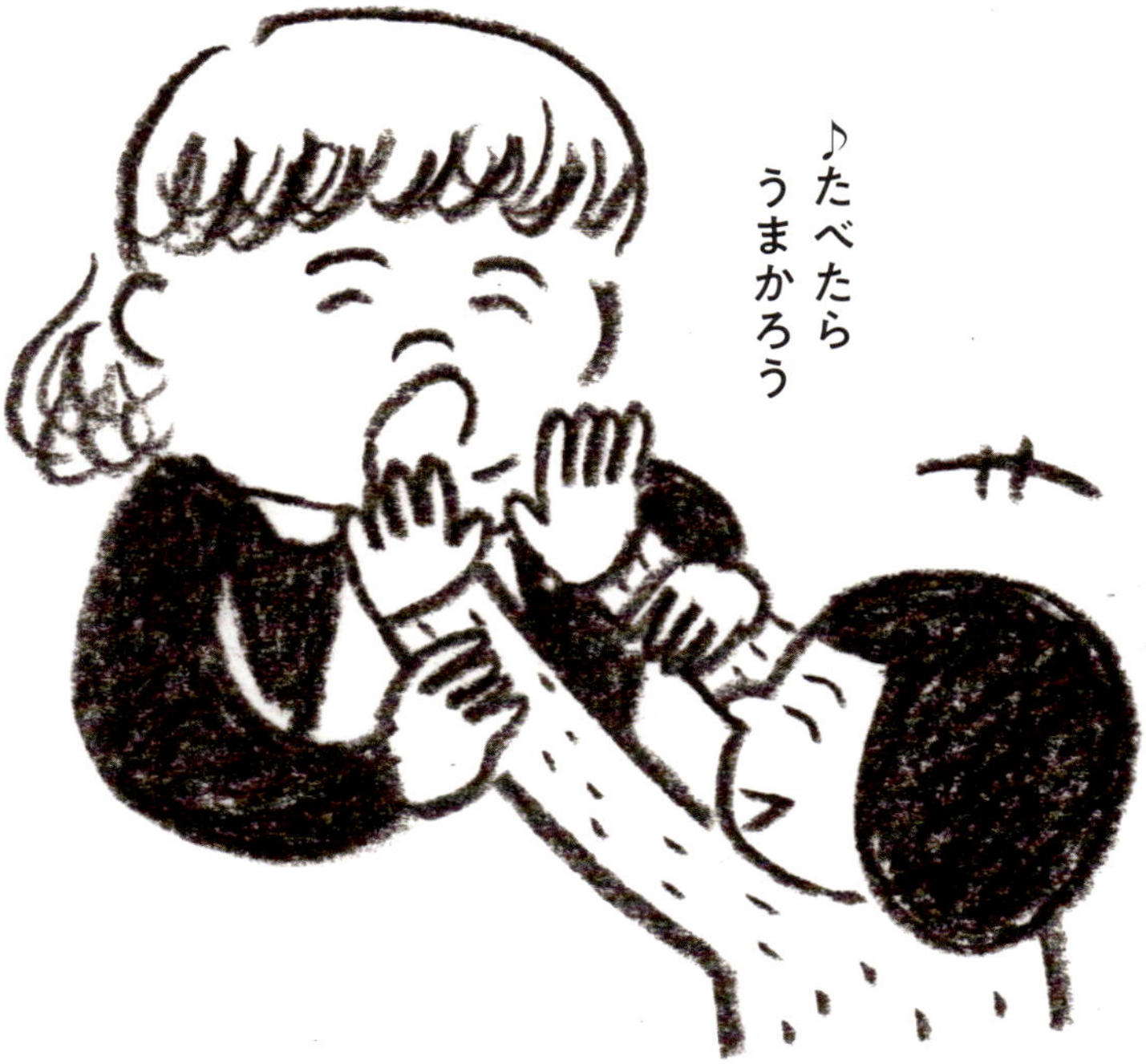

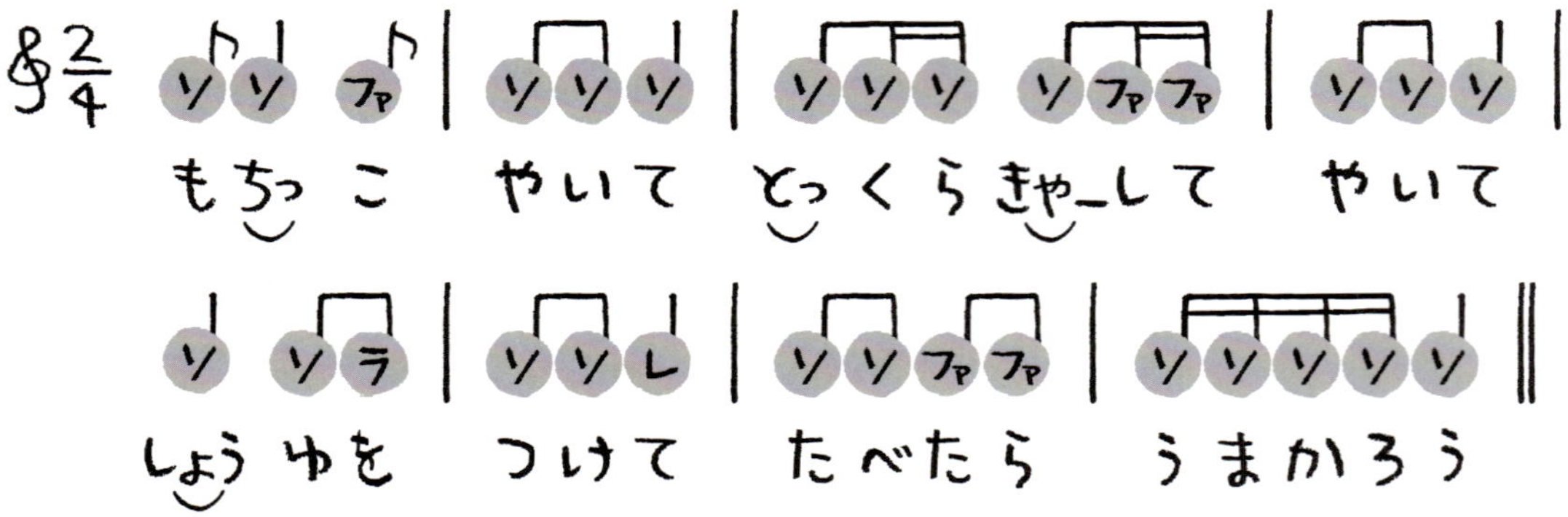
ソ ソ ファ | ソ ソ ソ | ソ ソ ソ ソ ファ ファ | ソ ソ ソ
もちっこ やいて とっくらきゃーして やいて
ソ ソ ラ | ソ ソ レ | ソ ソ ファ ファ | ソ ソ ソ ソ ソ
しょうゆを つけて たべたら うまかろう

大人も落ち着く触れ合い

「カイトくんの乱暴な行動で困っています」。そう話すのは、保育園でカイトくん（仮名・5歳）を担任するY先生です。彼は気に入らないことがあると友だちを突き飛ばしたり、つねったり、大声をあげて怒鳴るといいます。

部屋に入ってカイトくんの行動を観察してみると、どうやら彼は運動感覚に未成熟さがあるようです。不器用でからだのコントロールが悪いと、乱暴な行動が表れてしまいます。また、カイトくんはことばで気持ちを表現することが苦手なようで、相手のことを「グサッ」と突き刺すようなことばを使います。こうした乱暴で攻撃的な行動は、ことばの成長とともに減っていきますが、相手との信頼関係に課題が残ってしまいます。

そこで「もちっこやいて」を紹介します。てのひらをひっくり返す動きは運動感覚、つまりからだをコントロールする力を育てます。また、手をしっかりと包み込んで触れ合うことは、触覚を育み、大人との信頼関係を築いていくことでしょう。

暮らしのなかで「気になる子」

「きっかけづくり」のわらべうた

生活リズムがつきにくかったり、気持ちの切り替えが苦手だったり……「気になる子」は暮らしのなかでも、少しのサポートを必要としています。そんなときも、わらべうたです！

あそびから、食事へ気持ちを切り替えてもらうとき。寝たくない気持ちを、じっくり落ち着かせたいとき。朝のグズグズを減らして、たのしく起きてほしいとき。わらべうたをスイッチにして、子どもも大人も穏やかに切り替えましょう。

切り替えが苦手な子

「さよなら あんころもち」

動き	切り替える
人数	2人以上（大人1人と子ども）
運動強度	★（座ってあそべる）

♪さよなら
あんころもち
またきなこ
（ぱくっ！）

あそび方

1．うたいながら、大きく手を広げて、大きなあんころもちをつくるまねをする。

2．最後の「ぱくっ！」で、そのあんころもちを食べるまねをする。

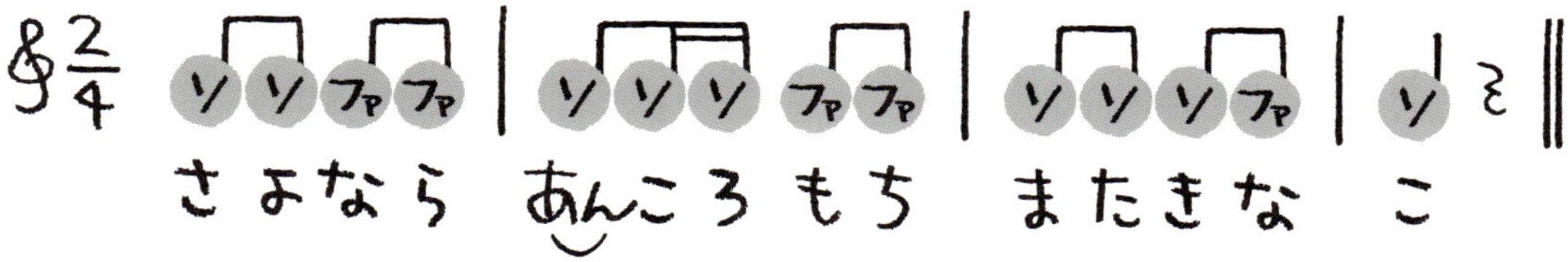

わらべうたを切り替えスイッチに

乳幼児の子育てをしていると、「子育てって大変！」と思う瞬間が日に何度かやってきますが、食事の時間がその最たるときではないでしょうか。親は「しっかり食べさせなくちゃ」と思っているにもかかわらず、子どもはあそびに夢中で食べようとしません。そんな子に「早く食べなさーい！」と怒鳴っても、なかなかうまくいかないもの。食事はたのしく食べさせたいですよね。

そんなとき、子どもの気持ちを切り替えるのにおすすめなのが「さよならあんころもち」です。

ほかのことに夢中になっている子のそばへ行き、このわらべうたを、身振りつきでうたってみましょう。大きなあんころもちやちいさなあんころもち、「〇〇ちゃんのあんころもち」などと変化をつけてもいいでしょう。子どもの気持ちを切り替えて、たのしく食事に向かわせるきっかけになるといいですね。

なかなか寝ない子

「ねんねんねやま」

動き	眠る
人数	2人（大人と子ども）
運動強度	★（静かにうたう）

あかちゃんからあそべる

♪ねんねんねやまの
ねんねどり
ひとさえみれば
なきまする

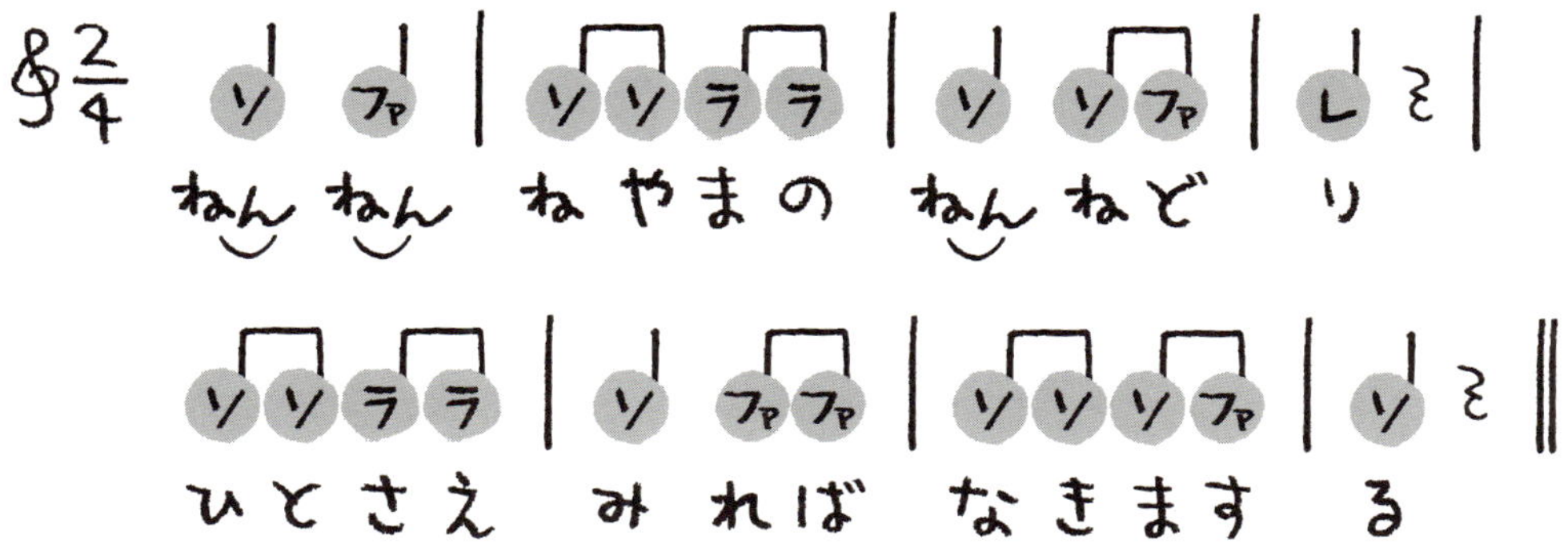

あそび方

大人は添い寝をして、子どもにそっと触れながらうたう。

眠たくなる儀式をわらべうたでつくる

「子どもが寝なくて困るんです」。そんな相談を、保育園に子どもを預けながら働くおかあさんからよく受けます。聞けば、2歳の子でも毎晩夜中の1～2時まで起きているのだとか。また、「子どもは夜になると自然に眠くなるもの」と思っており、「早く寝なさーい！」と言ってひとりで寝かせているのだと言います。

じつは、子どもを寝かせるには「眠たくなる儀式」が必要で、寝るための、安心できる落ち着いた環境が必要です。生活リズムをつくることで、生命感覚も育ちます。

そこで「ねんねんねやま」を紹介します。夜、添い寝して、そっと子どもに触れながらうたってあげましょう。

子どもは触れられることで安心し、大好きなひとの歌声に包まれて、いつの間にか眠ってしまうことでしょう。親が先に眠ってしまっても大丈夫。子どもが眠るためには、そんな安心できる空間が必要なのです。

なかなか寝ない子

「えんやらもものき」

動き	眠る
人数	2人（大人と子ども）
運動強度	★（静かにうたう）

あかちゃんからあそべる

♪えんやらもものき
ももがなったら
だれにやろ
おかあさんにあげよか
おとうさんにあげよか
だれにあげよか
えんやらもものき

あそび方

ちいさい子なら、大人が抱っこしたまま、ゆっくりとからだを揺らしながらうたう。

子どもが寝入るときに、子どものからだをトントンと軽くたたいたり、そっとさすりながらうたう。

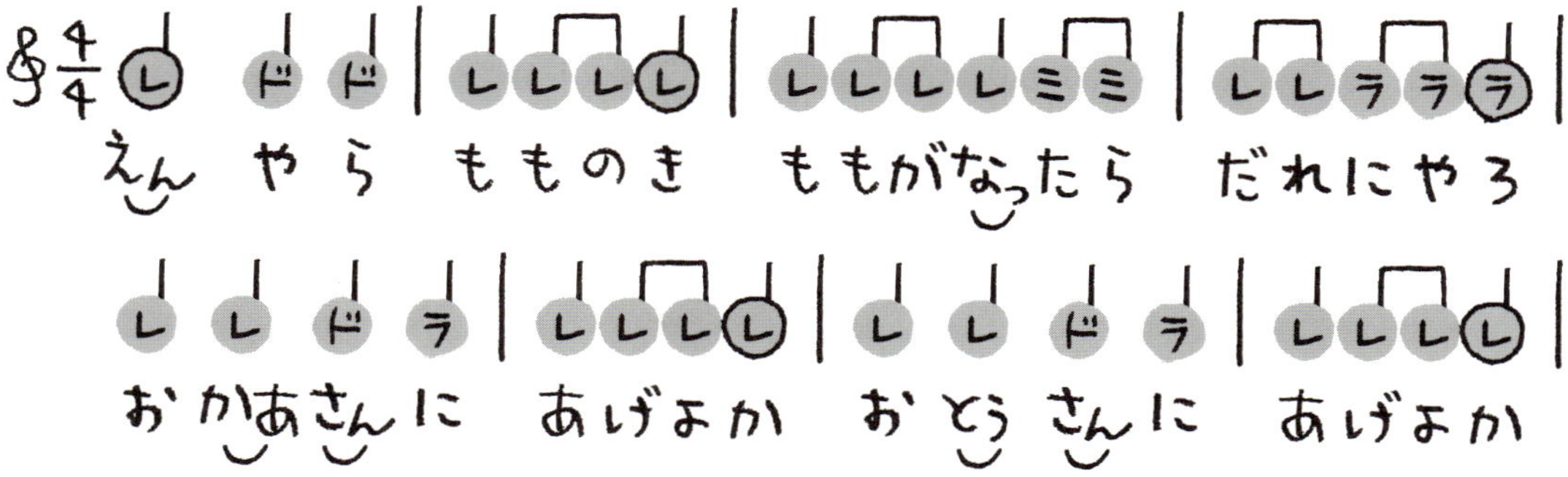

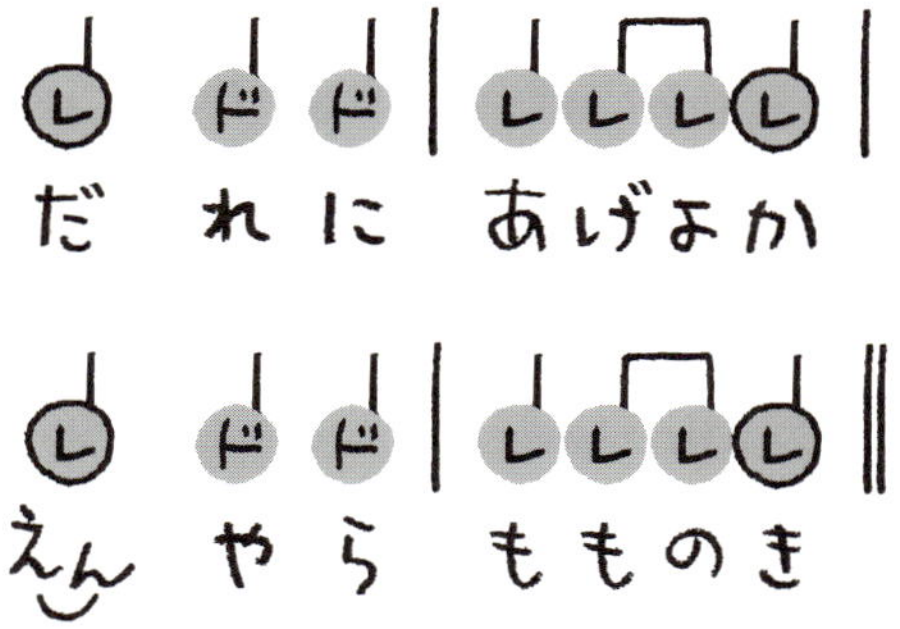

なでられ、揺れると、気持ちが満たされる

これまでの子育てを通して痛感するのは、子どもは「食べる、寝る、あそぶ」だけで充分に育っていくのだ、ということです。なかでも「寝る」、つまり睡眠のリズムをしっかりつくっていくことが、いちばん重要でむずかしいことだと思います。

行動の「気になる子」には、なかなか寝ない、起きないなど睡眠にみだれがある場合が多いもの。生命感覚が育つよう、睡眠のリズムをしっかりつくることに目を向けると、行動にも変化が見られることがあります。

そこで「えんやらもものき」です。部屋を暗くして、静かな環境をつくり、子どもと一緒に横になってうたいます。トントンと軽くたたいたり、からだをそっとさすってあげると、子どもは安心して眠りにつきます。もちろん、眠るためには日中よくあそび、よく食べることも大切です。これらを満たしていくことで、子どものからだが育ち、行動が落ち着いていくものです。

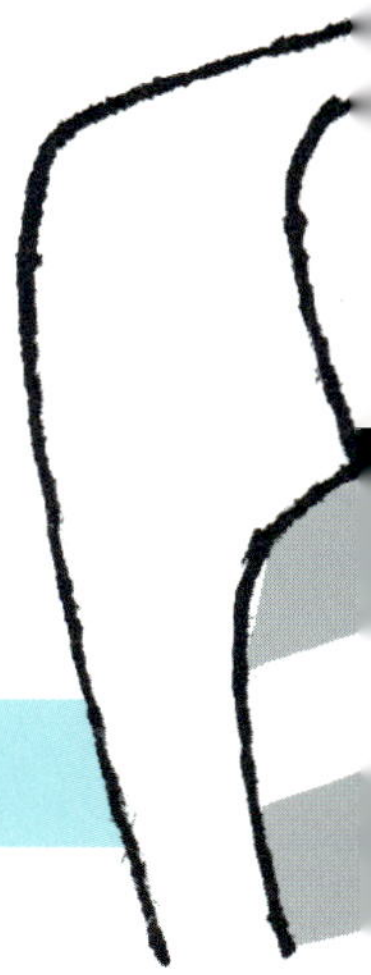

目覚めのよくない子

「ととけっこう」

動き　目覚める

人数　2人

運動強度　★（明るくうたう）

♪ととけっこう
よがあけた
まめでっぽう
おきてきな

あそび方（その1）

朝、子どもを起こすときに、うたいながら子どもの頭やからだの一部に触れる。

目覚めのよくない子（楽譜＆エッセイは次ページ）

あそび方（その2）

1.「とと けっこう よが あけた」で、大人は両手で顔をおおう。

♪とと けっこう
よが あけた

2.「まめでっぽう おきてきな」で、両手を開いて顔を見せる。

＊「まめでっぽう」のところに、子どもの名前を入れてうたっても。

♪まめでっぽう
おきてきな

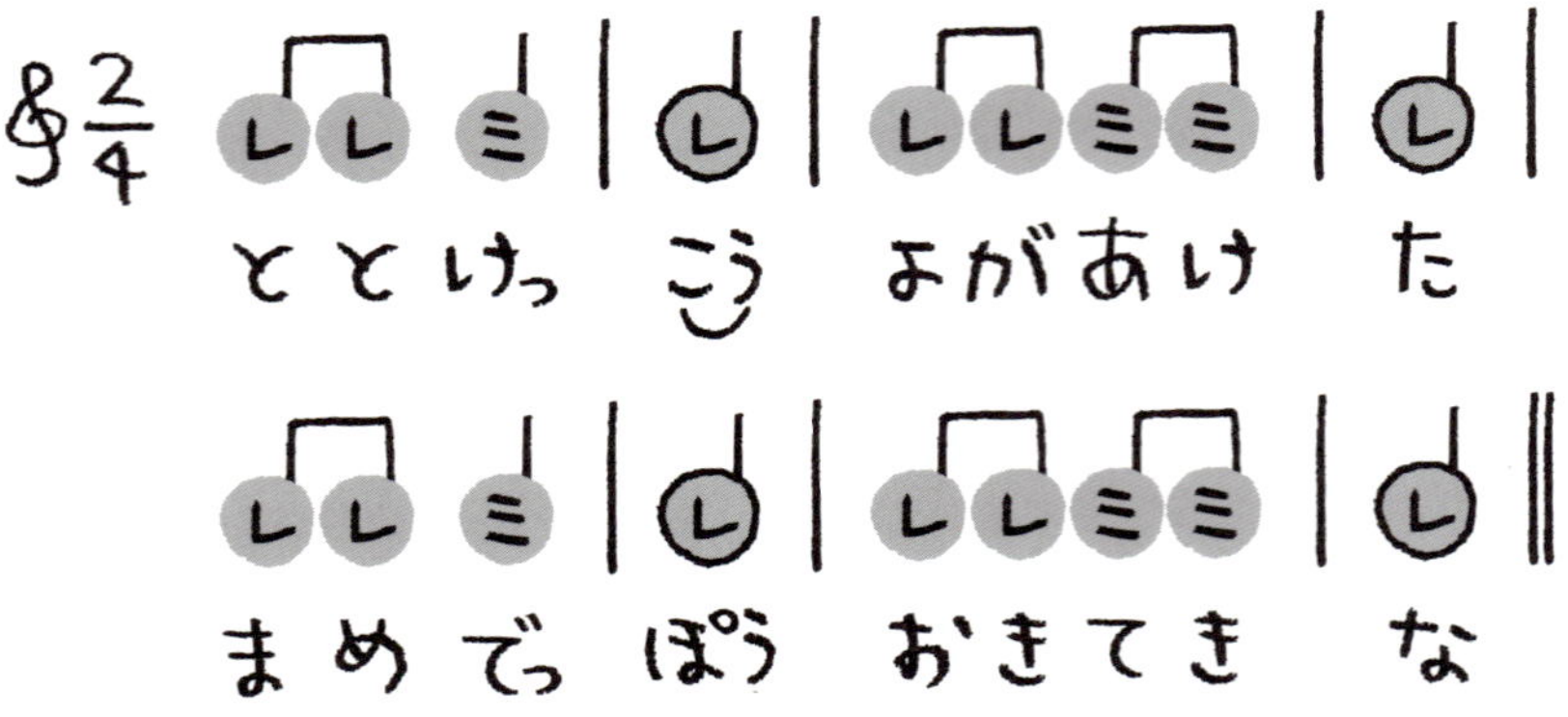

目覚めの歌で さわやかに

日本の子どもたちは世界的にみても睡眠時間が短いと言います。子どもの生活リズムがいつの間にか、大人と同じ夜型に変化しているようです。眠る時間が遅くなれば、目覚める時間も遅くなります。生命感覚も育ちにくくなる「遅寝・遅起き」の悪循環は、多くの家庭で、悩みの種ではないかと思います。

　そんな方におすすめなのが「早起き・早寝」の習慣です。「早く寝なさい」と言っても子どもはなかなか眠れないので、とにかく早く起こすのです。そうかと言って布団を無理やり引きはがしても逆効果。

　子どもを起こすときには「目覚めのうた」として、「ととけっこう」をうたってみましょう。わがやの末娘にうたってみたところ、いつもはぐずぐずするのに、何だかごきげんでした。みなさんも一度お試しあれ。

「遅い」「できない」＝障がいですか？

もし「診断名」がついたら？
周囲とまず話し合うこと

いまや世の中には情報があふれ、発達障がいについても広く知られるようになりました。こうした情報は、多様な子どもたちの理解を深める役割を果たす一方、かえって親の不安をあおってしまうことにもなります。さらに周囲に頼れるひともなく、毎日子どもと一対一で向き合う、現代特有の孤独な子育てを強いられる家庭が増えるなか、子育てへの不安がますます増幅しています。

専門機関に通うときは？

では、専門機関を利用したほうがいいのはどのようなときでしょうか？　わたしがもっともおすすめするのは、親であるあなたが（もしくは夫婦で）「誰かに相談したい」「何らかの検査をしてほしい」と感じたときです。まずは園の先生に相談してみましょう。専門機関として身近なのは3歳児健診などを行う保健センターでしょう。そのほかには、地域の療育センターなど。病院であれば児童精神科のある病院やクリニックがいいでしょう。ただ、専門機関で出会う医師や心理士など専門家とあなたやお子さんとの相性の問題がありますから、よき伴走者となる専門家と出会うためには、民間の相談機関の利用も検討してみるといいかもしれません。

「気になる子」のきょうだいのケアは？

ときには、意識的にきょうだいを優先して

親は、障がいのある子どもといつも向き合っていますから、常に真剣ですし、そんな日常がずっと続けば、親も子も疲れ果ててしまいます。家庭全体が疲労と緊張の毎日であれば、本人のみならず、きょうだいが子どもらしくのびのびと、自分らしく生きることを抑圧してしまうこともあります。

また、障がいのある子どもが、行動上の障がいもある場合、きょうだいはその影響を大きく受けま

す。きょうだいですから「仲よくあそびたい」と思って近づいたり触れたり、ときには勢いよく飛びついたりします。けれどもそれが原因で、けがをするくらいの乱暴を受けたり、きついことばを投げかけられたり。こうした「理解しにくい」経験を積み重ねることで、きょうだいの心身に傷を残してしまうこともあります。

　きょうだいへの配慮について、親として何をすればいいのでしょうか？　ここではもっとも大切なことをひとつだけあげたいと思います。

　それは、きょうだいの「子どもらしい子ども時代」を保障することです。子どもにとって本来「世界は安心できるよいものである」と感じられることが大切です。世話をしてもらったり、甘えたり、わがままを言ったり、泣き叫んだりしながら、「安心できるよい世界」を体験していきます。けれども、障がいのある子どものいる家庭では、どうしてもとくに母親の負担が大きくなり、必死でいる母親に遠慮してしまうことも事実です。「いい子」を演じて、母親を助けようとするきょうだいは、親としてはありがたい存在ですが、子どもとしては、不自然な姿です。

　具体的には、きょうだいに対して意識的に「あなたのことを大切に思っている」ということを伝えることが大切です。もちろん、障がいのある子のことも大切なのは当然ですが、あえてそう伝える必要があるほど、きょうだいは不安な気持ちを抱えているのです。

　また、家庭はどうしても、障がいのある子ども中心に動いていきますから、きょうだいの経験が不足してしまいます。行動上の障がいが大きければ、家族でたのしく旅行したり、外食したりすることができにくい状況で育ちます。

　ときには、意識的にきょうだいに焦点をあてて、きょうだいが行きたい場所やしたいことを中心に、家族の計画を立てることも必要でしょう。障がいのある子どもを、福祉的サポートを受けながら預けるなどして、きょうだいと親だけの時間を確保するという、意識的なことが必要です。

　きょうだいがわがままを言ったり、甘えたり、無邪気にたのしんだりするという「子どもらしい子ども時代」を保障することが、親として、障がいのある子のきょうだいにできることだと思います。

「気になる子」のために大人ができることは？

リズムキープが大人の役目

ルドルフ・シュタイナーの治療教育の視点からいうと、幼児期にもっとも大切なことは、リズムある生活を通してからだとこころを育てることです。

本来ひとは太陽が昇り明るくなる頃に目覚め、太陽が沈み暗くなると眠りにつくものです。つまり、宇宙のリズムとともに生きているといえます。

ですから、幼児期の子どもは自然のリズムに沿った生活を送ることで、無理なくからだが育つと考えられています。

からだを育て、こころを育むための重要な3つの要素は、「食べる」「寝る」「あそぶ」です（左記参照）。

ところが、現代社会は親の仕事の都合などで〈大人の生活リズム〉に合わせなければならないことが多く、〈子どもの生活リズム〉がみだれがちです。さらに、子どものときに夜更かしをしていると、大人になっても夜更かしをする傾向があります。子ども時代の生活リズムは深くからだに刻み込まれ一生続くと考えてよいと思います。

そうならないためにも、いかに子どもを中心にした、生活リズムをつくるかが大事です。はじめは大変かもしれませんが、子どもと一緒に早寝早起きするのは、大人にとってもいいことです。そうやって親子で折り合いをつけながら、リズムをつくっていくことができればいいでしょう。

その際、時間に追われず、ある程度のゆとりをもって一定のリズムをつくることが大切です。

たとえば、幼稚園に連れて行かなくてはならないから『早く食べなさい』などと言ってしまうことがあります。しかし、それは大人のリズムに子どもを合わせさせるということです。そうならないように、時間に余裕をもってゆったりとリズムをつくりましょう。

食べる

毎日一定の時間に、
時間に余裕をもって
食べることが大切。

寝る

毎日一定の時間に眠り、
一定の時間に
起きることが大切。

あそぶ

日中に手足を使って、
外で思いっきり
あそぶことが大切。

大切なのは3つの要素を毎日一定のリズムで行うこと

リズムのある生活は、
子どものからだとこころを育てます。
シュタイナー教育(P2参照)では、
「食べる」「寝る」「あそぶ」ことが、
リズムのある生活をつくるうえで、
とくに大切だと考えます。

おわりに……子ども時代にできることを存分にする

スマートフォンやタブレットはおろか、携帯ゲーム機もインターネットもなかった時代、子どもたちはどのようにしてあそんでいたのでしょうか？

わたしの子ども時代、空き地では野球をしてあそび（ボール1個あればできる手打ち野球だったりしました！）、道端ではメンコやベーゴマで競い合い、工事現場や資材置き場では秘密基地をつくってあそび、小川に行けばザリガニとりなどをしていました。子どもには時間が無限にあって、日暮れまで夢中であそんだものです。あそびを通して子どもはじつにさまざまなことを学びました。たとえば、異年齢のあそび集団では、ひとと交わる力を身につけ、メンコやベーゴマでは身のこなしを学び、何もないように見える空き地や資材置き場では、想像力をフル回転させて創意工夫を学び、小川あそびでは水の冷たさや生物の生き死にを学びました。

そして現代、空き地や工事現場、小川などはもはや子どもたちのあそび場ではなくなりました。学校や家、公園以外の空間は「危険な場所」になってしまったようです。

そんな現代にあって、わたしたちはどのように子どものこころとからだを育てていけばいいのでしょう？

本書は、わらべうたには子どもの発達を促す要素がたくさんある、という視点でまとめましたが、みなさんもご存知の通り、わらべうただけやっていれば「気になる子ども」の「気になる行動」がなくなるということではありません。子ども時代、とくに幼児期までの子どもは、手足を思いっきり使ってあそびつくすということが大切です。本書では、そうしたたくさんのあそびのひとつとして、わらべうたを紹介しています。

わらべうたはとてもたのしいものですが、単にたのしいだけではなく、子どもにとって発達を促す要素があり、それが子どものたのしみにつながっているのです。大人は子どものこころとからだの発達を促していくということに意識的になる必要がある。そんな時代になっていると、わたしは思うのです。

山下直樹

「気になる子」の

わらべうた

発行日　2018年9月5日　第1刷
2024年11月30日　第7刷

著者

山下直樹

発行人

落合恵子

発行

株式会社クレヨンハウス
〒180-0004 東京都武蔵野市吉祥寺本町2-15-6
tel 0422-27-6759　fax 0422-27-6907
e-mail　shuppan@crayonhouse.co.jp
URL　https://www.crayonhouse.co.jp

デザイン

三木俊一（文京図案室）

イラストレーション

木下綾乃（カバー下、P1-2、4-5、7-9、11、14-15、18-19、22、24-25、26、30、40-41、54-59、63-64、69-72、76-77、82、84-89、94-99、102-109、115、118、120-123、125-126）

柴田ケイコ（カバー、P2、5、12-13、16-17、20、28-29、32-39、42-53、60-61、66-67、74、78-81、91-93、100-101、110-114、116-119、130-131）

楽譜DTP

成嶋真巳子

印刷

大日本印刷株式会社

ISBN978-4-86101-355-3
C0037　NDC599　24×19cm　132ページ
Printed in Japan

山下直樹（やました・なおき）
ルドルフ・シュタイナーの治療教育を学んだ後、幼稚園や小・中学校のカウンセラー等として勤務。保育カウンセラーとして、現在も定期的に保育園で保育カウンセリングを行なっている。2024年現在、名古屋短期大学保育科教授。4児の父。　撮影＊泉山美代子
山下直樹さんHP→https://kodomorab.amebaownd.com/

参考文献…『わらべうたによる音楽教育　遊びと合唱・幼児から小学生へ』本間雅夫、鈴木敏郎／著　自由現代社／刊

本書は［月刊クーヨン］（クレヨンハウス刊）2014年4月号～2018年3月号に掲載された連載「『気になる子』のためのわらべうた」を加筆・修正し、書き下ろしを加えて編集したものです。また、同誌に掲載された下記特集（一部）も、編集のうえ収録しています。
2010年1月号
「〈障害〉をもつ子のきょうだいのケア」
2013年5月号
「小1プロブレムはわらべうたで解消します！」
2014年9月号
「子どものからだとこころが育つ生活リズム 3つの要素」
2018年9月号
「だっこではじめる わらべうたあそび」